MAGIA ENOCHIANA E OS MUNDOS SUPERIORES

Além do Reino dos Anjos

JOHN DESALVO, PH.D.

MAGIA ENOCHIANA E OS MUNDOS SUPERIORES

Além do Reino dos Anjos

Tradução:
Bianca Rocha

MADRAS®

© 2019, Madras Editora Ltda.
Publicado originalmente em inglês sob o título *Enochian Magic and the Higher Worlds*, por Destiny Books, uma divisão da Inner Traditions International.
© 2015, John DeSalvo.
Direitos de edição e tradução para o Brasil.
Tradução autorizada do inglês.

Editor:
Wagner Veneziani Costa

Produção e Capa:
Equipe Técnica Madras

Revisão da Tradução:
Marcelo Albuquerque

Revisão:
Arlete Genari
Silvia Massimini Felix

**Dados Internacionais de Catalogação na Publicação
(CIP)(Câmara Brasileira do Livro, SP, Brasil)**

Desalvo, John
Magia enochiana e os mundos superiores: além do reino dos anjos/John Desalvo; tradução Bianca Rocha. – São Paulo: Madras, 2019.
Título original: Enochian magic and higher worlds: beyond the realm of the angels.
Bibliografia.

ISBN 978-85-370-1182-9

1. Anjos 2. Magia enochiana 3. Vida espiritual
I. Título.

19-23749   CDD-133.43

1. Magia enochiana: Ciências ocultas 133.43
Cibele Maria Dias – Bibliotecária – CRB-8/9427

É proibida a reprodução total ou parcial desta obra, de qualquer forma ou por qualquer meio eletrônico, mecânico, inclusive por meio de processos xerográficos, incluindo ainda o uso da internet, sem a permissão expressa da Madras Editora, na pessoa de seu editor (Lei nº 9.610, de 19/2/1998).

Todos os direitos desta edição reservados pela

MADRAS EDITORA LTDA.
Rua Paulo Gonçalves, 88 – Santana
CEP: 02403-020 – São Paulo/SP
Caixa Postal: 12183 – CEP: 02013-970
Tel.: (11) 2281-5555 – Fax: (11) 2959-3090
www.madras.com.br

Eu gostaria de dedicar este livro às seguintes pessoas:
Meus pais, John e Nina DeSalvo, que sempre encorajaram minha curiosidade, apoiaram-me em minha busca pelo conhecimento e não se incomodaram quando eu desmontei coisas tentando descobrir o que havia por dentro.
Minha solidária esposa, Valerie, e meus filhos, Christopher, Stephen, Paul e Veronica, que podem nem sempre concordar com minhas visões e conclusões, mas sempre foram sinceros e ofereceram muita ajuda e sugestões em minhas pesquisas e buscas espirituais.

ÍNDICE

Agradecimentos 9
Prefácio 10
Introdução 11
1 O que é Magia Enochiana?. 21
2 John Dee e Edward Kelley. 29
3 O Incidente de Troca de Esposas Entre Dee e Kelley 38
4 Validando os Anjos 45
5 Aspectos do Mundo Angélico 55
6 Localizando os Reinos Espirituais Superiores 66
7 Misticismo Além do Mundo Angélico 75
8 A Técnica da Magia do Poder 83
    Ritual Menor de Banimento do Pentagrama 89
        Cruz cabalística 89
    Pentagrama da Luz Branca 90
    Meditação enochiana 92
        Chamado enochiano 92
    Encerrando a meditação 93
9 Aplicações e Ferramentas da Magia do Poder 94
10 Revelações de Fotografias de Aura 102
    Três tipos de fotografia 102
    Fotos de aura dos crânios de cristal 104
    Artefatos vodu 106
        Bola de cristal 107
        Colar vodu 108
        Anel nefilim 110
        Crucifixo do vampiro templário 113
11 Reflexões e Conclusões Finais 117
    Últimas palavras 121
Apêndice 122
Mensagens do Além 122
Bibliografia 139
Sobre o Autor 142

Eu não esperava que o silêncio fosse
silencioso
Eu não esperava que o além fosse além
Eu não esperava que o nada fosse nada
Eu não esperava encontrar o lugar do
SILÊNCIO DO TEMPO

Mas agora eu não sou quem eu era
Agora eu não sei o que eu sabia
Agora eu não tenho certeza do que eu
tinha certeza
Nada é o mesmo agora

Eu vou retornar, mas não sei quando
Para me tornar o Silêncio NO Tempo
Mas seguir pode não ser sábio
Pois você pode encontrar o Silêncio que
procura

John DeSalvo

AGRADECIMENTOS

Eu gostaria de agradecer às seguintes pessoas por me ajudarem com este livro: Bobby Sullivan, por tirar as fotografias de aura dos meus artefatos e por interpretá-las. Helene Olsen (angelslighthouse.com), Jeanne Crescenzo (lightofthesoulascension.com) e Mona Wind (lifeintegrity.com), por sua ajuda e conselho inestimáveis e pela análise psíquica e dos registros akáshicos de meus crânios antigos e artefatos vodu.

Eu quero agradecer à minha gentil e fantástica editora Chanc VanWinkle Orzell, por seus esforços incansáveis e seu talento criativo ao apresentar esta narrativa em sua forma final. Agradeço muito também à equipe da Inner Traditions; é um prazer e uma aventura trabalhar com todos vocês.

A Raina Pekul, uma grande amiga e uma luz espiritual para mim. Ela foi levada para junto dos anjos quando tinha apenas 4 anos, mas sua luz ainda brilha intensamente em nossos corações.

PREFÁCIO

Eu venho estudando e pesquisando o sobrenatural há mais de 40 anos, desde que estava no colégio. Também sou cientista e, portanto, tento observar o mundo de uma maneira objetiva, científica e analítica. Atualmente, muitas pessoas aceitam tudo o que escutam de forma incondicional e sem questionar se isso parece bom ou incomum, e se é nisso que elas querem acreditar.

Estou compartilhando meus pensamentos com você dessa maneira no começo deste livro porque, após todos esses anos de pesquisa e após escrever sete livros sobre mistérios, magia e sobrenatural, minhas conclusões continuaram a mudar e evoluir. Com relação a isso, eu gostaria de compartilhar com você uma citação favorita de Andrew Jackson Davis, clarividente do século XIX sobre o qual escrevi um livro.[1] "Eu não prometo que amanhã irei acreditar exatamente naquilo em que acredito hoje, e hoje não acredito exatamente naquilo em que eu acreditava ontem. Espero fazer, assim como já fiz, um verdadeiro progresso no decorrer de cada 24 horas."[2]

Após toda a minha pesquisa contínua a respeito do sobrenatural, reconheço a legitimidade dos reinos ocultos e mágicos. Neste livro, compartilharei com você minhas técnicas para acessar esses mundos mágicos e irei relatar minhas descobertas de pesquisa da forma mais íntegra e clara que conseguir, pois isso é o que um verdadeiro cientista faz. Caso eu tenha cometido erros nos julgamentos e conclusões, peço perdão. O processo de revisão por pares tem sido criticado por muitas pessoas, mas, se ele for realizado de maneira objetiva e com mente aberta (o que geralmente não é o caso nos círculos acadêmicos e científicos atuais), é uma ferramenta valiosa e uma forma de legitimar e confirmar uma hipótese. Eu

---

1 DeSalvo, *Andrew Jackson Davis*.
2 Davis, *Beyond the Valley*, p. 134.

deixo a cargo de meus leitores realizarem uma avaliação de minhas afirmações, pesquisas e conclusões.

Este livro é destinado às pessoas comuns que podem não ter conhecimento algum sobre magia e queiram experimentá-la. É totalmente independente – para aqueles leitores que querem testar a magia, sem precisar ter experiência prévia. Se, no entanto, após ler esta obra, você tiver interesse em obter informações adicionais sobre a magia do dr. John Dee e de Edward Kelley, focada neste livro, sugiro que leia meus livros anteriores sobre esse assunto. Tentei tornar *Magia Enochiana e os Mundos Superiores* o mais simples de utilizar possível, e, nestas páginas, apresento uma descoberta e técnica mágica nova que acredito ser a mais eficaz e fácil que desenvolvi até então.

INTRODUÇÃO

Anjos, anjos, anjos – atualmente todo mundo está falando sobre anjos! Existem muitos livros sobre como entrar em contato com anjos, como encontrar seu anjo da guarda e como realizar magia angélica, e até mesmo livros sobre "amor angélico". Entre em alguma livraria metafísica e você provavelmente encontrará dezenas e dezenas de novos livros sobre anjos. Ou ligue no History Channel, no qual você encontrará muitos especiais e documentários sobre eles. Esses programas levantam questões

Dr. John Dee

como: os anjos entraram em contato conosco em nosso passado distante? Os anjos estão nos guiando e transmitindo conhecimento oculto? Os anjos são extraterrestres, de outra dimensão ou reino, ou até mesmo viajantes no tempo? Eles estão nos controlando ou nos manipulando com algum plano oculto?

Dediquei muitos anos de minha vida estudando e pesquisando magia e comunicações angélicas; isso inclui material de fontes eruditas e acadêmicas. Também sou um mago praticante e utilizei técnicas mágicas do passado – assim como desenvolvi técnicas novas – para entrar em contato com os anjos e acessar os reinos superiores com sucesso. Enquanto muitos magos e pesquisadores sobre anjos, atualmente, são teóricos ou práticos em sua abordagem, sou os dois. Também sou um cientista treinado – um biofísico – e, portanto, uso o método científico e a abordagem analítica em minhas pesquisas. Meus últimos dois livros sobre magia trataram das comunicações angélicas entre o famoso matemático e ocultista do século XVI, o dr. John Dee, e seu vidente Edward Kelley.³ Esse é o mundo da Magia Enochiana.

No entanto, antes de iniciarmos nossa jornada nesse mundo esotérico, gostaria de divagar por um momento para contar a você como começou meu interesse pela magia. Por eu ser biofísico, frequentemente me perguntam como parti da biofísica para a magia! Aqui está a resposta.

Desde a infância, fui atraído pelo oculto, sendo especialmente fascinado pela existência de espíritos. Cresci em uma casa do século XIX no estado de Nova York e, nessa casa, muitas vezes sentia a presença de espíritos. Em algumas ocasiões, acredito realmente ter visto espíritos, o que me assustou muito! Fossem eles reais ou imaginários, essas experiências deixaram uma impressão duradoura em mim, embora eu não tenha tido a impressão de que esses seres fossem maliciosos ou maus. Eu sentia a presença deles mais fortemente no porão; essa serviria bem como uma casa mal-assombrada.

Venho de uma família italiana grande, e, muitas vezes, parentes e amigos permaneciam conosco por longos períodos. Eu nunca tinha realmente conversado com algum deles sobre espíritos em nossa casa até aproximadamente dez anos atrás. Foi então que descobri que esses visitantes tiveram algumas das mesmas experiências com espíritos que eu tinha tido. Não sei se minhas visões de espíritos cultivaram ou não minha curiosidade, mas logo depois percebi que me sentia cada vez mais atraído a cemitérios. Existia um cemitério entre minha casa e minha escola, e, nos dias bons, eu caminhava por ele em meu caminho de volta para casa. No cemitério, eu sentia a presença daqueles que já haviam partido e, como resultado, sempre tomava cuidado para não pisar em algum túmulo. Normalmente, eu estava no cemitério quando o sol estava se pondo. Eu frequentemente parava e rezava em algum túmulo que sentia que precisava de orações. Quando minha família e eu visitávamos meus primos em Charleston, na Carolina do Sul, várias vezes passávamos um tempo caminhando por cemitérios antigos e mausoléus históricos nas partes mais antigas dessa cidade. Eu também adorava lojas de antiguidades, o que era um pouco incomum para um garoto de minha idade. Se em algum

---

3. DeSalvo, *The Lost Art of Enochian Magic* e *Decoding the Enochian Secrets*.

sebo eu encontrasse um livro sobre espíritos, mistérios, alienígenas ou óvnis e tivesse dinheiro, levava o livro para casa comigo.

Quando eu era adolescente, sentia-me atraído pelo tema dos óvnis e, com meu melhor amigo naquela época, cataloguei cada aparição de óvni que se tornava manchete. É o que muitas organizações sobre relatos de óvnis fazem atualmente, mas isso se passou no começo da década de 1960, e acredito que posso dizer, com segurança, que meu amigo e eu estávamos um pouco avançados em relação à nossa época. Houve uma aparição de óvni muito conhecida em Michigan, em 1966, que muitas pessoas atribuíram aos efeitos de gás do pântano. Meu amigo e eu não ficamos satisfeitos com essa explicação e consideramos pegar um ônibus até Michigan para investigar por nós mesmos; levávamos isso muito a sério!

Eu me lembro de termos feito uma assinatura da revista *Fate*, editada pelo famoso Ray Palmer.[4] Escrevi ao sr. Palmer e recebi respostas pessoais, que eu gostaria de ainda possuir. Em uma carta, perguntei-lhe o que era a quarta dimensão. Eu também tinha curiosidade sobre a dimensão da morte, assim como questionava sobre alienígenas. Não me lembro de suas respostas, mas fiquei impressionado com sua disponibilidade para responder a um estudante do Ensino Médio sobre esses assuntos. Talvez ele tenha ficado impressionado por alguém da minha idade ter escrito para ele.

Durante meu último ano no Ensino Médio, tive aula de inglês avançado como matéria requerida. O professor tinha interesse em filosofia oriental, zen e existencialismo, e eu passei uma boa parte do curso discutindo esses temas. Cara, eu era muito ligado nisso! Não apenas li os livros obrigatórios, como também complementei o estudo com muitos outros livros sobre o tema da filosofia oriental. Eu sempre ficava após a aula para pedir a esse professor outras fontes e referências a respeito do mesmo assunto e para fazer uma série de perguntas.

---

4. Ray Palmer foi um pioneiro no campo da ficção científica, tanto como editor da *Amazing Stories* como, subsequentemente, da *Fate*, que foram revistas de ficção científica populares no começo do século XX. Ele também se tornou um escritor renomado de ficção científica.

Essa matéria e minha interação com esse professor começaram a expandir meu entendimento sobre a noção de consciência cósmica, com a qual tive uma experiência quando estava aproximadamente com 7 anos. Eu estava do lado de fora, no terreno da casa antiga onde cresci, olhando para o céu, e então senti que eu era "um com o todo". Até hoje ainda consigo recordar essa sensação, apesar de ela não ter durado muito. Eu me lembro de logo depois ter perguntado a meu pai algo assim: "Pai, você já sentiu que era Deus?". Talvez a maneira como formulei a pergunta possa levar algumas pessoas a acreditarem que eu tinha um ego muito grande e pensava que eu *era* Deus, mas qualquer um que tenha tido uma experiência semelhante pode entender o que eu queria dizer. A sensação que tive foi a de me fundir com o infinito, com a presença daquilo que envolve *tudo*. As palavras não conseguem descrever apropriadamente esse estado, mas ainda assim tentamos expressá-lo. Muitas vezes a poesia se aproxima disso, mas ainda é insuficiente.

Eu me pergunto quantas crianças já experimentaram essa sensação. Parece que nossa cultura não sabe como reconhecer essas experiências espirituais e cultivá-las para que a consciência espiritual de uma criança possa se desenvolver de maneira bem natural. Muitas vezes essas experiências são consideradas meramente como derivadas de uma imaginação hiperativa. Isso é lamentável, pois acredito que o impulso natural de todo ser humano é encontrar seu verdadeiro eu – aquela centelha divina dentro de si. Após sentir isso, você nunca mais se esquece, e, durante toda a vida, de alguma forma, estará buscando seu verdadeiro lar novamente.

Durante meus anos no Ensino Superior, estudando em uma faculdade de ciência e engenharia muito rigorosa, busquei passivamente esses interesses espirituais. Então, um dia decidi optar por uma matéria de psicologia fisiológica, após ter ouvido meus colegas comentarem que essa aula abrangia muitos "temas estranhos". Um dos docentes convidados era Jack Forem, que escreveu um dos primeiros livros importantes sobre Meditação Transcendental (MT) e que, junto a Maharishi Mahesh Yogi, ajudou a introduzir a MT nos Estados Unidos.

Forem era muito modesto e gentil e, durante sua aula, resumiu a pesquisa científica sobre MT que ele tinha acabado de realizar na Harvard Medical School e que havia sido publicada na revista *Scientific American*. Essa informação se tornou impressionante muitos anos depois, quando eu estava na pós-graduação e realmente experimentei a MT por mim mesmo. Naquela época, inscrevi-me em um curso oficial de MT. Na pós-graduação, além de explorar a MT, eu me apliquei ao estudo de astrologia, religião oriental, projeção astral (que eu acreditava conseguir fazer) e diversas outras disciplinas metafísicas. Também fui seguidor dos ensinamentos de Meher Baba,[5] mestre espiritual indiano. Um de meus colegas de estudo na Universidade Johns Hopkins era persa e seguidor de Meher Baba; esse amigo também me introduziu ao sufismo. Eu não praticava magia naquela época.

Quando comecei a lecionar biologia na faculdade, conheci pessoas interessadas no ocultismo. Formamos um grupo e exploramos nosso interesse coletivo por meio de debates, palestras, prática de rituais e experimentos com diferentes tipos de fenômenos psíquicos. A pessoa que liderava nosso grupo era uma médium psíquica muito conhecida, e nós nos tornamos grandes amigos. Desde aquele período formativo, adquiri inúmeros livros sobre como desenvolver habilidade psíquica, projeção astral e adivinhação, entre diversos outros temas relacionados.

Em meus livros anteriores, falo sobre o fato de que, apesar de meu grande interesse e prática em diferentes técnicas esotéricas, nada realmente pareceu funcionar até eu ter testado a Magia Enochiana, a forma de magia que os anjos ofereceram ao dr. John Dee e a seu vidente, Edward Kelley,[6] na Inglaterra, no século XVI.

Passei muitos anos estudando os diários manuscritos do dr. John Dee antes de escrever meus livros sobre Magia Enochiana e, por fim, desenvolvi uma nova técnica de Meditação Enochiana, que é uma forma mais simples e pura da Magia Enochiana. A técnica de Magia Enochiana que a maioria dos grupos mágicos ensina e pratica é, em minha opinião, sua própria invenção, e não dos anjos.

---

5. Meher Baba, *God Speaks*.
6. Kelley também é grafado como Kelly na literatura histórica.

Eles utilizaram informações básicas que Dee e Kelley receberam dos anjos e acrescentaram muito material equivocado e superficial que os anjos nunca pretenderam que fosse incluído. Alguns até mesmo distorceram o material original. Eu recorri à informação angélica básica e apenas incorporei uma forma de utilizá-la em uma meditação simples.

Mas aqui está a questão: a informação sobre a Magia Enochiana que os anjos ofereceram a Dee e Kelley é incompleta, ou, se for completa, os anjos nunca lhes disseram como utilizá-la. Portanto, você pode perguntar: "A Magia Enochiana realmente funciona?". Sobre isso, eu poderia responder que ela funciona até certo ponto, pois conseguimos canalizar somente parte da energia original que os anjos transmitiram.

Para compreender isso, é interessante utilizar a analogia de uma grande cascata, como as Cataratas do Niágara, tão enormes e com uma força tão intensa que a água jorra pelas laterais. Ao tentar canalizar a energia das cataratas, apesar de não ser possível canalizar a energia primária da própria cascata, podemos canalizar a água secundária que irrompe pelas laterais. Essa energia periférica é o que a maioria dos grupos mágicos tem extraído do material angélico que Dee e Kelley receberam e, embora possua algum poder, não corresponde exatamente ao verdadeiro potencial da fonte. Até hoje, ninguém descobriu como canalizar a cascata principal da Magia Enochiana. Apesar disso, acredito ter sido capaz de maximizar a força dessa energia periférica de forma natural e muito efetiva.

Minha pesquisa produziu outro material interessante. Após terem se comunicado com Dee e Kelley durante algum tempo, os anjos interromperam repentinamente toda a comunicação com os dois, e ninguém sabe exatamente por quê. Essa questão tem sido levantada nos últimos 500 anos e nunca foi respondida satisfatoriamente. Tenho uma possível resposta, sobre a qual tratarei mais adiante neste livro. Ela é baseada no pouco conhecido incidente de troca de esposas que os anjos pediram que Dee e Kelley realizassem. Essa tem sido uma das controvérsias mais interessantes e enigmáticas sobre a parceria de Dee e Kelley e nunca foi completamente compreendida ou explicada. Alguns estudiosos acreditam que os dois homens nunca realizaram essa troca de esposas, mas posso demonstrar que eles realizaram. Também acredito conhecer seu propósito e o que os anjos tinham em mente quando sugeriram isso. É uma visão radical que ninguém propôs até o momento.

Na pesquisa que fiz, havia outro assunto interessante. Após ler as quase 800 páginas do diário de Dee, nas quais são discutidas as comunicações angélicas[7] (o que não é uma missão fácil, pois a caligrafia é difícil de ler e o texto está escrito em inglês antigo), resta um enigma. A maior parte da informação parece válida (isto é, proveniente dos anjos), mas parte dela parece contraditória e um pouco diferente de qualquer coisa que um anjo poderia ter dito.

Como explicar essa contradição? Anjos malévolos interferiram nas comunicações? Se sim, quem eram eles e como é possível determinar quais partes das mensagens angélicas eram provenientes de anjos bons ou sagrados e quais partes eram tentativas de anjos maus de inserir informação falsa na narrativa e, assim, invalidá-la por completo?

Outra descoberta que fiz pode esclarecer um pouco essa questão: nem todos os anjos são do mesmo nível espiritual, por isso eles não são categoricamente infalíveis. Minhas descobertas revelaram que existem anjos bons e anjos maus, anjos inteligentes e anjos menos inteligentes. Sua respectiva natureza pode ser comparada à forma como uma luz se move por um prisma. Os anjos se manifestam de Deus, como a luz, e passam por um prisma a fim de acessar o reino espiritual. Do prisma, emergem diferentes cores, diferentes intensidades, diferentes *purezas de luz*. O temperamento, a sensibilidade e a natureza de um determinado anjo são resultantes da forma como a luz que entra no prisma irradia suas cores e tons constituintes. Alguns são mais brilhantes do que outros, alguns são mais obscuros e outros são mais puros.

A classificação – padrão que os estudiosos usam, que é arbitrária, é um sistema de classificação que contém anjos superiores (conhecidos por alguns como "arcanjos") e anjos inferiores. Na verdade,

---

7. Manuscritos, British Museum. Sloane 3188, 3189, 3191; Cotton Appendix XLVI, Partes 1 e 2.

o *Livro de Enoch*[8] lista um coro ou hierarquia de anjos; a Igreja Católica baseia sua angelologia (estudo dos anjos) nessa classificação.[9]

Também é importante observar que muitos anjos não têm emoções e sentimentos como os seres humanos. Por causa disso, eles são aptos a seguir suas diretrizes, ou aquilo que imaginam ser suas diretrizes, sem considerar as consequências emocionais de suas ações sobre os seres humanos. A maioria dos autores de materiais sobre os anjos ignora esse ponto importante. Para eles, todos os anjos são amáveis, solícitos e capazes de sentir emoções. Isso não é verdade. Até mesmo anjos bons ou sagrados seguirão diretrizes que podem ignorar as consequências para a vida dos seres humanos. Isso pode soar frio, mas é um princípio sobre o qual alguns deles agem. Eles acreditam estar seguindo as ordens ou diretrizes de Deus, o que para eles é mais importante do que as consequências de suas ações sobre a vida dos seres humanos.[10]

Isso traz à tona o aspecto mais importante deste livro. Se os anjos não são infalíveis, e se obtemos informações diferentes deles, a informação que nos transmitem é válida ou útil para nós como seres humanos? A resposta é sim e não. Se uma pessoa consegue filtrar a informação que eles oferecem e discernir o que é válido e potencialmente aplicável espiritualmente, então sim, podemos usar essa informação. O problema é que a maioria das pessoas, até mesmo os médiuns, não possui o nível de discernimento necessário para conseguir identificar qual informação é válida e qual não é.

Talvez as perguntas que deveríamos fazer são: "Existe um reino superior, mais confiável, mais preciso, mais de *Deus*, acima do reino angélico, que deveríamos tentar contatar? O que existe entre Deus e o prisma que podemos acessar? Como irmos além do mundo espiritual para contatar os reinos superiores em vez do reino angélico e daqueles que circundam nosso mundo?".

O reino angélico é apenas a primeira camada ou fronteira que encontramos em nosso caminho até Deus. Há outros reinos acima desse e, por isso, o subtítulo deste livro é *Além do Reino dos Anjos*. Eu

---

8. O *Livro de Enoch* é um texto religioso judaico antigo que não faz parte do cânon bíblico oficial, embora seja considerado relevante teologicamente.
9. Lumpkin, *The Books of Enoch*.
10. Helene Olsen, comunicação pessoal, 2013.

venho tentando ir além desse reino angélico inicial. Se obtive sucesso ou não, deixarei você, leitor, decidir.

Acredito ser possível descrever como tentar realizar essa empreitada, com base em novas informações que descobri nos diários do dr. John Dee. Continuando com nossa analogia sobre o prisma, nossa jornada nessa área seria para um lugar que está entre Deus e o prisma. Porém, precisamos considerar um aviso aqui. Magos famosos, como Aleister Crowley, advertiram sobre a necessidade de ter cautela ao tentar desvendar esses mistérios. Lon Milo DuQuette, que escreveu a introdução de meu livro *The Lost Art of Enochian Magic*, citou Crowley muitas vezes, dizendo: "A Magia Enochiana é tão poderosa que funciona até mesmo para pessoas sem qualquer habilidade mágica". Se canalizar a água periférica da cascata é muito poderoso e efetivo, quão mais poderoso e efetivo seria canalizar a cascata diretamente?

Sempre digo que a Magia Enochiana não é para todos. Você deve ter uma mente sã e uma personalidade estável para tentar praticá-la, pois está lidando com forças e poderes que são desconhecidos. Estamos em um território inexplorado, e nenhum de nós possui as respostas completas, incluindo a mim mesmo. Recebi livremente e ofereço livremente, mas deixo a cada leitor a decisão final de explorar, ou não, mais além. Se você decidir prosseguir com o estudo e a prática da magia, descobrirá que este livro apresenta novas ideias e técnicas que irão ajudá-lo. Escrevi esta obra por causa de minha própria busca espiritual: tento oferecer ao público um método mais poderoso e útil da Magia Enochiana que, acredito, será de grande proveito para aqueles que viajam pelo caminho espiritual.

1
O QUE É MAGIA ENOCHIANA?

Após ler quase todos os livros que já foram publicados sobre Magia Enochiana, escrever dois livros sobre o assunto e realizar centenas de rituais e meditações de Magia Enochiana, eu ainda tenho dificuldade em explicar de maneira concisa o que realmente é a Magia Enochiana. Na tentativa de defini-la, vamos começar levantando algumas questões básicas. Quando a Magia Enochiana surgiu e de que forma ela era praticada? Ao responder a essas questões, precisamos estar cientes de que aquilo a que nos referimos como Magia Enochiana pode nem sempre ter sido chamada assim; ela pode ter tido outro nome ou nome nenhum. E sempre existiu uma tradição contínua da Magia Enochiana desde quando ela surgiu?

Talvez a resposta seja que a Magia Enochiana existe desde o começo dos tempos, pois o homem primitivo, sem dúvida, compreendia que havia uma força espiritual maior que ele, maior que seu ambiente e maior que a vida em si. Essa força espiritual é Deus. Além disso, o homem primitivo, uma criatura nômade que seguia os rebanhos em busca de comida, pode ter raciocinado que, se ele pudesse viajar de uma localização a outra, talvez ele pudesse viajar até Deus, ou, inversamente, Deus pudesse viajar até ele. Mas o homem primitivo teria tentado viajar até Deus, ou vice-versa? Talvez Deus tivesse intermediários trabalhando para Ele, assim como, no mundo primitivo, sem dúvida, um rei ou chefe de tribo tinha intermediários trabalhando para ele. Assim, o conceito de anjos pode ter surgido.

A seguir, vamos observar o termo "enochiano", derivado do nome "Enoch". Se você já estudou a Bíblia, poderá se lembrar desse nome, pois Enoch é um personagem bíblico que inicialmente aparece no capítulo 5, versículo 18, do Gênesis.[11]

No Gênesis, existe uma lista de dez patriarcas. O primeiro deles é Adão, e o sétimo é Enoch. Essa lista nos relata a idade que eles tinham quando tiveram seu primeiro filho, o nome do filho e a idade do patriarca quando ele morreu. Cada patriarca viveu uma vida extremamente longa. Adão, o primeiro patriarca, teria vivido 930 anos. Noé, o décimo patriarca, teria vivido 950 anos; enquanto Enoch, o sétimo patriarca, teria vivido 365 anos. (Enoch foi o bisavô de Noé.)

Outro fato interessante sobre Enoch é que ele não morreu. Em vez disso, Deus "o levou". *O quê?* Deus o levou *para onde?* A Bíblia diz que Deus o levou ao céu. Enoch é a única pessoa na Bíblia, além de Elias,[12] que não morreu, porque Deus o levou ao céu antes de ele morrer na Terra. O que Enoch fazia lá? Ele retornou? Para responder a essas perguntas, precisamos procurar outra fonte de informação, porque não foi dito muito mais sobre ele em nossa Bíblia-padrão.

Como a maioria das pessoas sabe, nossa Bíblia é composta de escritos espirituais que foram selecionados para a inclusão em um cânon bíblico oficial nos primeiros séculos da era cristã. É um texto padrão, com poucas variações para os protestantes, católicos e membros da Igreja Ortodoxa Grega. Muitos livros foram considerados para inclusão na época, mas somente alguns deles foram aceitos como sendo divinamente inspirados. Outros foram eliminados porque sua teologia era muito diferente (daquilo em que se acreditava na época) ou porque foram considerados muito estranhos ou incomuns.

Um dos livros que não foram selecionados é chamado de 1 Enoch,[13] que é o primeiro de uma série de três livros de Enoch: 1 Enoch, 2 Enoch e 3 Enoch. Nós não sabemos os nomes dos autores que escreveram os primeiros dois livros, mas estudiosos datam sua composição entre aproximadamente 300 a.C. e o século I d.C.;

---

11. Gn 5:18, Bíblia King James.
12. 2 Reis 2, Bíblia King James.
13. Lumpkin, *The Books of Enoch*.

o terceiro livro foi escrito muito tempo depois. O que é claro a respeito dos três livros é que eles não foram escritos pelo próprio patriarca, Enoch, mas sim por um escritor posterior que reuniu essas informações ou tinha acesso a lendas e histórias antigas sobre Enoch que lhe foram transmitidas.

Esses livros de Enoch oferecem muito mais detalhes sobre Enoch do que a Bíblia. Eles descrevem como Enoch foi levado a sete céus diferentes e apresentam um relato do que ele viu em cada um deles. As descrições são de lugares um pouco selvagens e loucos – como se recontadas por alguém em uma viagem alucinógena.[14] De qualquer forma, é o tipo de coisa que eliminaria esses relatos de serem incluídos no cânon bíblico oficial. O livro 1 Enoch foi considerado para ser incluído no cânon bíblico, mas, por volta do século IV, ele não foi incluído no cânon oficial, muito provavelmente porque continha ideias teológicas que poderiam ter sido problemáticas para as religiões, então prevalecentes, do Judaísmo e do Cristianismo digerirem.

A questão da autoria desses livros também teria sido discutida quando estavam sendo considerados para inclusão no cânon oficial. Eles foram relatos legítimos escritos pelo profeta Enoch ou algum autor anônimo apenas usou o nome de Enoch? Provavelmente, ocorreu o segundo caso, o que não significa que eles não sejam autênticos. Esse autor ou editor pode ter escrito os livros baseado em histórias orais ou em outros relatos escritos que possuía, relatos que foram transmitidos desde a época de Enoch. Conforme apresentado em estudos recentes, a maioria dos livros bíblicos faz parte dessa categoria – o que é contrário àquilo em que os fundamentalistas acreditam.

Por exemplo, Moisés realmente escreveu os primeiros cinco livros da Bíblia? Muitos estudiosos acreditam que não, mas, em vez disso, creem que seu processo de escrita ocorreu gradualmente, durante um período de tempo muito longo, e que o material foi, então, editado por várias pessoas, até chegarem aos cinco livros de Moisés, chamados de Pentateuco, conforme os conhecemos hoje.

---

14. Se você estiver interessado nas viagens de Enoch pelos sete céus, eu resumo o que ele observou em sua viagem em meu livro *Decoding the Enochian Secrets*. DeSalvo, *Decoding the Enochian Secrets*, p. 19-24.

Isso não significa que Moisés não tenha sido a fonte desse material, pois grande parte dele pode ter sido derivada de tradições orais e/ou outras histórias escritas que não estão mais disponíveis para nós.

Outro exemplo é o livro do Apocalipse, no Novo Testamento, que tem sido questionado por estudiosos modernos. Esse livro realmente foi escrito pelo apóstolo João – que também é considerado como o autor do quarto evangelho – ou sua autoria é de outra pessoa que atribuiu o livro a São João? A maioria dos estudiosos da Bíblia acredita que o livro foi escrito por um autor posterior, e não pelo apóstolo João. Seu nome também pode ter sido João, e ele seria da mesma tradição do apóstolo São João. Pesquisas bíblicas modernas dizem-nos que essa questão de autoria também se aplica a muitos outros textos da Bíblia.

Escritores de tempos antigos frequentemente citavam personagens históricos famosos como tendo escrito seus livros; eles faziam isso a fim de dar mais prestígio e valor aos livros. Mas quem realmente sabe se a pessoa famosa em questão foi autora do texto ou se os escritos foram *baseados* em tradições orais e escritas derivadas da pessoa cujo nome eles utilizaram? Existia uma tradição no Judaísmo, e posteriormente no Cristianismo, de que Enoch recebeu sabedoria e conhecimento secretos de Deus e dos anjos, o que se tornou a base da Magia Enochiana. Outra lenda antiga afirma que, após a Queda de Adão e Eva, o anjo Raziel ofereceu-lhes algumas informações escritas ou um objeto ou magia em si que continha uma forma de restabelecer a comunicação humana com Deus. Atualmente, estudiosos debatem o que seria essa sabedoria secreta e de que forma essa sabedoria ou conhecimento foi apresentada. Era um livro, um ensinamento oral ou um objeto sagrado? Alguns acreditam que poderia ter sido o Santo Graal, e muito provavelmente foi aí que essa lenda específica teve origem.

Se examinarmos todas essas lendas, da época da Queda até Enoch e da Idade Média até o presente, todas elas têm uma coisa em comum: o que foi oferecido a Adão e Eva ou os primeiros seres humanos parece ser uma ferramenta ou um dispositivo – algum meio para restabelecer o contato da humanidade ou as comunicações com Deus e/ou os anjos. Os anjos são mensageiros de Deus, seus instrumentos para a realização de Sua vontade e para a manutenção da ordem contínua do cosmo.

A próxima pergunta é a seguinte: se um dispositivo ou técnica restabelece a comunicação com Deus, qual é o modo sensorial dessa comunicação? Discurso, visão, estados alterados? Ou é algo além de nossos sentidos? Talvez essa ferramenta nos ofereça certos conhecimentos ou habilidades além do que possuímos normalmente no momento.

A seguir, vamos examinar o que significa exatamente a palavra "magia". A melhor definição de magia que já ouvi vem do estudioso, ocultista e escritor Henrique Cornélio Agrippa, do século XVI. Esta citação é de seu livro *Três Livros de Filosofia Oculta*, escrito em 1651:

> Mágika é uma faculdade de incrível virtude, repleta dos mistérios mais elevados, contendo a Contemplação mais profunda das coisas mais secretas, junto à natureza, ao poder, à qualidade, à substância e mesmo às virtudes, assim como o conhecimento de toda a natureza, e isso nos instrui a respeito da diferenciação e do acordo das coisas entre si, de onde produz seus incríveis efeitos, unindo as virtudes das coisas por meio de sua aplicação entre si, e em relação a seus assuntos inferiores apropriados, juntando-os e unindo-os completamente pelos poderes e virtudes dos Corpos superiores. Esta é a Ciência principal e mais perfeita, aquele tipo sagrado e mais sublime de Filosofia e, por fim, a perfeição mais absoluta de toda a Filosofia mais extraordinária.[15]

O livro de Agrippa é, de certa forma, um compêndio de tudo o que se sabia sobre magia naquela época. Na obra, ele enfatiza que a verdadeira magia é a busca por Deus e, como essa é uma prática espiritual, não deve ser usada para pedir coisas ou manipular pessoas ou leis físicas. Isso nos remete à ideia de um homem primitivo querendo se conectar com seu Deus. Novamente, precisamos perguntar: o que motiva a busca do homem primitivo por Deus e/ou Seus intermediários (os anjos)?

---

15. Agrippa, *Três Livros de Filosofia Oculta*. [N.R.: Obra publicada no Brasil pela Madras Editora.].

Sei que muitos autores e estudiosos acreditam que o homem desejava a ajuda dos deuses para obter sucesso na caça e na agricultura, para ter boa saúde e para acumular riqueza (entre outras coisas) – assim como, atualmente, quando muitas pessoas rezam para pedir essas coisas. Porém, também acredito que o impulso básico do homem é encontrar seu verdadeiro eu, sua divindade – sua consciência cósmica. Portanto, a necessidade de encontrar Deus é a necessidade de encontrar a si mesmo... de responder às grandes questões sobre a vida, a morte e a eternidade. Mesmo se o homem primitivo não conseguisse formular esses conceitos em nossos termos ou de uma forma abstrata, ele estava respondendo a um sentimento profundo dentro de si: o impulso de encontrar Deus por dentro, de ser um com Ele, de retornar para Ele.

Se o primeiro homem ou o homem primitivo possuía uma técnica mágica para se comunicar com os anjos ou com Deus, o que aconteceu com essa informação? Ela se perdeu ao longo dos séculos e milênios? Ela foi escondida, e apenas algumas pessoas selecionadas, como sacerdotes, têm acesso a ela? Se ela de fato sobreviveu, será que foi editada, distorcida e/ou incompreendida? Tenho uma teoria sobre isso, e ela envolve a analogia da prática de mumificação do Egito antigo. Se você mostrar uma múmia para uma criança, ela poderá dizer que isso se parece com um homem usando um traje espacial ou um equipamento para mergulho. Acredito que os antigos egípcios tinham uma forma de viajar por outras dimensões por meio de seu traje espacial ou dimensional. A informação de como realizar essa viagem foi então perdida, mas sua evidência física, as múmias, permaneceu. Dinastias posteriores reinterpretaram o processo de mumificação como uma maneira de embalsamar o faraó para sua viagem ao mundo dos mortos.

Parece existir uma lei universal de que, quando uma informação espiritual é perdida, ela é fornecida à humanidade novamente em um tempo futuro. Quando essa nova transmissão de informações angélicas teria ocorrido? De acordo com as lendas, teria ocorrido na época de Enoch.

Eu acredito que os fundadores de muitas religiões foram seres muito espiritualizados que tinham experiências e conhecimentos espirituais que outras pessoas não tinham. Eles possuíam algum entendimento da consciência cósmica. Embora possam não ter necessariamente iniciado uma religião, ensinaram o que sabiam e ajudaram outras pessoas em seu caminho até Deus. Seus seguidores viveram de maneira simples, buscando a verdade com seu mestre. Após a morte do mestre, não havia mais ninguém com o mesmo nível de consciência superior para assumir seu posto, então alguém, de um nível inferior, sem a profundidade espiritual do antigo mestre, era escolhido para liderar. Esses "sacerdotes" tentaram interpretar, complementar e analisar os ensinamentos originais. Alguns desses indivíduos podem ter atenuado, distorcido ou alterado esses ensinamentos, transformando-os em ensinamentos religiosos sem alma.

Seja como for, agora quero seguir adiante e examinar outro assunto relacionado, que é a canalização da informação dos anjos. Acredito que 90% da canalização que supostamente vem dos anjos não são o que parecem ser; não são comunicações com os anjos sagrados de Deus. Algumas delas podem ser falsas ou fraudulentas; o responsável por propagar essas comunicações pode estar enganando as pessoas. Não acredito que essa prática seja muito comum, mas algumas farsas podem ocorrer (como em qualquer cenário).

Também pode ocorrer de o "comunicador angélico" realmente acreditar que está se comunicando com os anjos, mas o material canalizado ser fruto de sua imaginação ou originado de sua mente subconsciente. A verdadeira pergunta que deve ser respondida é: como sabemos se uma comunicação com os anjos é real? É preciso ser sempre cético e manter uma mentalidade crítica. Não aceite tudo o que você ouve como sendo uma verdade de Deus. Um indicador de que o material canalizado pode realmente ser proveniente dos anjos é se a informação é nova, e por "nova" quero dizer que ela não foi anteriormente conhecida ou revelada.

Talvez a humanidade irá, por fim, desenvolver uma tecnologia que permitirá uma comunicação real com os anjos. Atualmente, existe um dispositivo semelhante que permite a comunicação com espíritos. Chamado de caixa de espíritos, trata-se de um rádio que foi modificado para captar sons que podem, então, ser produzidos por entidades desencarnadas a fim de criar palavras e frases, permitindo a comunicação real entre espíritos e seres humanos.

Isso realmente funciona? Não temos certeza, mas seu desenvolvimento é definitivamente um passo na direção correta para nos ajudar a mapear, medir e nos comunicar com os mundos psíquico e sobrenatural. Pode ser que um dispositivo semelhante seja inventado para nos ajudar a nos comunicar com os anjos. Talvez os próprios anjos nos ofereçam o modelo para esse dispositivo, como os alienígenas no filme *Contato*. Eles transmitiram um modelo por sinais no espaço a fim de que os seres humanos pudessem desenvolver um dispositivo para viajar até o mundo deles.

Parece que as pessoas que exploram além dos limites estabelecidos pela sociedade e pelo mundo acadêmico são as que fazem as maiores descobertas. A imaginação é a chave para tudo isso. Use sua imaginação para desenvolver novas ideias e teorias, mas teste suas descobertas e analise-as cientificamente se possível, e seja crítico ao distinguir a verdade da ficção. Einstein chamava suas divagações de "experimentos mentais". Execute seus experimentos mentais e teste-os, se possível; talvez, um dia, você faça uma descoberta que mudará o mundo. O dr. John Dee e Edward Kelley fizeram exatamente isso na Inglaterra, no século XVI. No próximo capítulo, iremos analisá-los detalhadamente, assim como o trabalho inovador que eles realizaram com os anjos.

2

JOHN DEE E EDWARD KELLEY

Muitas vezes me perguntam quais são minhas visões sobre a vida após a morte. A conclusão é que simplesmente não sei o que acontece quando morremos – e não acredito que uma pessoa ou religião possam determinar isso. As pessoas podem lhe dizer que sabem, mas ninguém sabe definitivamente. Citar uma obra sagrada ou até o testemunho de um místico é interessante, mas dificilmente pode ser considerado como prova.

Cada tradição religiosa tem sua própria resposta para essa pergunta, seja o Cristianismo, o Budismo, o Judaísmo, o Islamismo ou o Hinduísmo. Dito isso, existem basicamente três visões principais sobre a vida após a morte que, provavelmente, abrangem 90% da população. Algumas pessoas acreditam que, quando morremos, morremos. Não existe vida após a morte, alma, espírito, nada. Nossa existência depende de uma forma de vida física, e, uma vez que essa forma de vida morre, acabou. Ateístas e até mesmo algumas pessoas religiosas creem nessa visão.

Outras pessoas, como cristãos e muçulmanos, acreditam em uma vida após a morte na qual nossa consciência individual continua a existir. Alguns descrevem um céu e um inferno, outros apenas um céu, alguns um limbo, bem como todos os tipos de variações entre isso.

O terceiro grupo acredita que nossa alma retorna, reencarnando em outra forma de vida. Muitas religiões orientais concordam com essa crença, que é muito interessante, pois permite que uma pessoa retorne e tente novamente, caso não tenha agido da forma correta da primeira vez. Alguns dizem que retornamos apenas como humanos, mas outros acreditam que podemos retornar como qualquer forma de vida – desde um animal, uma planta ou até mesmo uma pedra –, pois creem que todos os objetos físicos possuem alma. Alguns ainda sugerem que podemos retornar em outro planeta ou em outra dimensão, ou até em um outro período; as possibilidades são infinitas. De acordo com essa crença, ninguém é condenado eternamente, pois as pessoas continuam a retornar até que certo nível espiritual seja alcançado. Se essa versão for a correta, acredito que o indivíduo se une a Deus, mas conserva sua consciência individual, assim alcançando o nirvana ou a consciência cósmica.

Eu gostaria de analisar um pouco mais profundamente a ideia de reencarnação. A hipnose e a regressão são técnicas que têm sido utilizadas por indivíduos que buscam evidências de vidas passadas, e algumas dessas pesquisas são muito impressionantes. As pessoas recordam de vidas das quais elas não têm conhecimento conscientemente – a evidência que vem à tona fundamenta isso. Por exemplo, há relatos de pessoas que, sob o efeito de hipnose, falam idiomas que nunca aprenderam, reconhecem pessoas em uma cidade em que viveram em uma vida passada e até mesmo se recordam de fatos e eventos reais que ocorreram nessa cidade. Existem diversos livros que documentam essas histórias, mas, apesar de as evidências serem persuasivas, não constituem uma prova definitiva. Na verdade, com exceção da reencarnação, a maioria dessas experiências pode ser explicada, e muitos céticos já apresentaram argumentos bem convincentes.

Durante boa parte de minha vida, nunca pensei realmente em quem eu poderia ter sido em uma vida passada. Não acredito nem deixo de acreditar em reencarnação e não tenho certeza do que acontece quando morremos. Quando comecei a pesquisar sobre magia, li biografias de muitos magos famosos do passado. Elas eram interessantes, mas nada incomum chamou minha atenção.

Meu grande amigo Dan Schmidt estudou metafísica durante toda a sua vida e é uma das pessoas mais inteligentes que já conheci. Além disso, ele é extremamente místico. Um dia ele simplesmente me disse: "Você foi John Dee em uma vida passada". Eu pensei: *"Quem é John Dee?"*. Eu já tinha escutado seu nome antes relacionado à magia, mas naquela época eu ainda não tinha lido nada dele ou a respeito dele. Decidi ler uma biografia sobre ele,[16] o que se tornou uma experiência emocional intensa que não consigo nem descrever. Senti-me como se estivesse retornando para casa e o que estava sendo discutido nas páginas do livro era algo que eu já havia vivido.

Após terminar de ler a biografia, li todas as outras biografias e livros sobre Dee que consegui encontrar. Ao fazer isso, percebi que o estudo da magia era o que queria focar em minhas pesquisas. Desde então, no mínimo uma dúzia de médiuns e videntes me disseram independentemente que fui o dr. John Dee em uma vida passada. Se acredito nisso? Provavelmente não, embora eu possa estar capturando sua energia daquela época ou possa ter uma conexão espiritual com ele. De toda forma, por eu ser um cientista, precisaria de mais provas para comprovar que fui Dee, e não as tenho. Mesmo se tivesse provas e pudesse provar que fui Dee, isso não faria diferença alguma em minha vida.

No entanto, quando comecei a pesquisar sobre a magia de Dee em seus diários, acreditei conseguir decifrar neles coisas que ninguém mais conseguia. Senti como se realmente conseguisse entrar na mente de Dee e saber o que ele estava pensando naquela época e, assim, compreender o que ele estava fazendo. Consequentemente, isso me permitiu descobrir a 49ª Tábua faltante, que os anjos disseram que era tão sagrada que eles não lhe dariam. Contudo, ela estava em seu diário e, portanto, disponível para ser decifrada se alguém soubesse como fazê-lo, o que consegui. Então, por que os anjos disseram que não a dariam a ele? Como ele a registrou, obviamente ele sabia que ela havia sido transmitida, então acredito que eles estivessem se referindo ao 49º Chamado Enochiano, e não à 49ª Tábua, que são duas coisas diferentes. Dee nunca recriou essa 49ª Tábua da maneira como ele fez com as outras, até onde sabemos, mas a informação para criá-la estava disponível no diário, para ele e para qualquer pessoa que o lesse com esse propósito. (Acredito ser o primeiro estudioso a recriar completamente a 49ª Tábua.) Reconstruí a Tábua, que está em meu livro *Decoding the Enochian Secrets*.

---

16. Smith, *John Dee*.

Também descobri outros segredos nos diários de Dee, e atualmente estou desvendando o que eles significam.

Ao ler os diários de Dee e livros sobre ele, adquiri um entendimento mais profundo da época em que ele viveu, particularmente a respeito do cenário religioso. Havia muita instabilidade religiosa na Inglaterra do século XVI por causa da luta permanente pela supremacia entre a fé protestante e a fé católica. Em alguns períodos, a monarquia foi católica e, em outros períodos, foi protestante. Maria, a Sanguinária, perseguiu os protestantes. Sua irmã, Elizabeth I, que era protestante, foi mais tolerante em suas visões religiosas ao ascender ao trono. No entanto, independentemente da fé católica ou da fé protestante, uma coisa era certa: se você afirmasse praticar ocultismo, incluindo magia, sua vida e a de seus familiares poderiam estar em perigo. Era preciso se dedicar muito e realmente acreditar que o que estava sendo feito valia o risco. O dr. John Dee evidentemente fez isso.

Considerado como a pessoa mais inteligente e sábia da Inglaterra (ou até mesmo da Europa) em sua época, John Dee era um verdadeiro homem renascentista. Ele foi um notável matemático que se tornou famoso ao escrever o prefácio da primeira edição em inglês do renomado livro de geometria de Euclides, *Os Elementos*, escrito em 1570.[17] Dee também era especialista em astronomia, cartografia e navegação, e ensinou a muitos dos exploradores do Novo Mundo como navegar por mares desconhecidos usando os mais recentes equipamentos de navegação, os quais ele possuía. Dee criou o termo "Império Britânico" e promoveu o crescimento e a expansão do reinado britânico. Ele também era especialista em criptologia e conhecido como os olhos da rainha Elizabeth I, pois havia rumores de que atuou como seu espião quando viajou pela Europa e pela região dos Países Baixos. Na verdade, o termo "007", atribuído ao personagem de ficção James Bond, criado por Ian Fleming, foi baseado no dr. John Dee, uma vez que ele assinava seu nome nas cartas que escrevia para a rainha com um símbolo representando uma raiz quadrada invertida com dois círculos ou olhos no meio. (James Bond foi denominado como "007" por Fleming com base nisso.[18])

17. *Euclid's Elements of Geometry*.
18. French, *The World of an Elizabethan Magus*.

Prancha 1. Foto de aura de John DeSalvo sem objetos de poder.

Prancha 2. Crânio de cristal em tamanho real.

Prancha 3. Foto de aura de John DeSalvo com seu crânio de cristal em tamanho real.

Prancha 4. Crânio de cristal obsidiano vermelho.

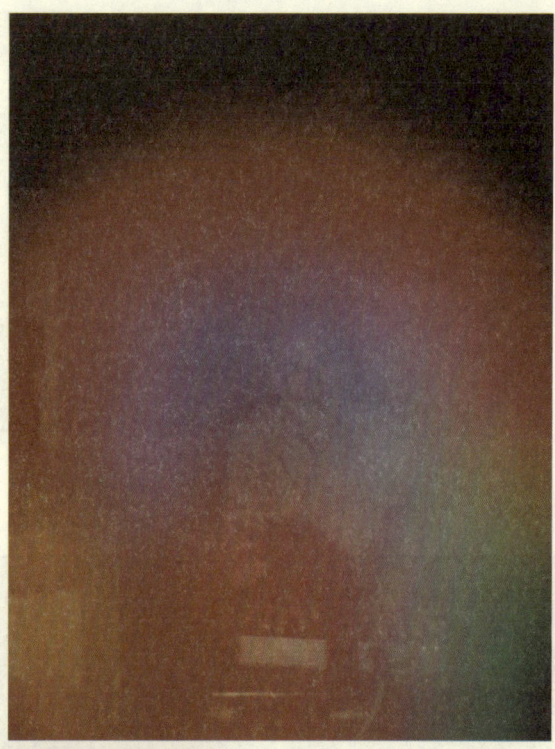

Prancha 5. Crânio vermelho sobre a mão esquerda do autor.

Prancha 6. Crânio vermelho entre as mãos do autor.

Prancha 7. Bola de cristal da mansão vodu.

Prancha 8. Foto de aura do autor com a bola de cristal.

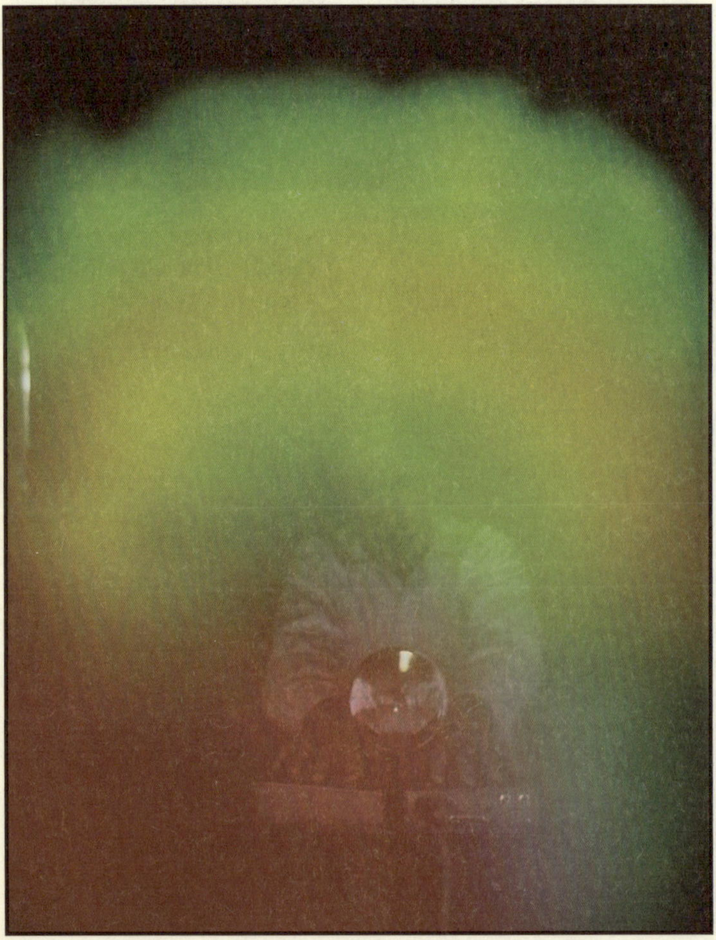

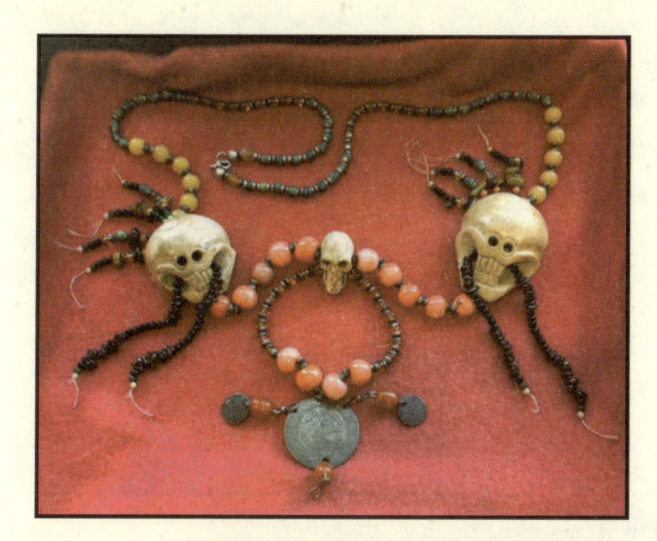

Prancha 9. Colar ritual da mansão vodu.

Prancha 10. Foto de aura de John DeSalvo segurando o colar ritual.

Prancha 11. Anel nefilim da mansão vodu.

Prancha 12. Foto de aura do autor com o anel nefilim.

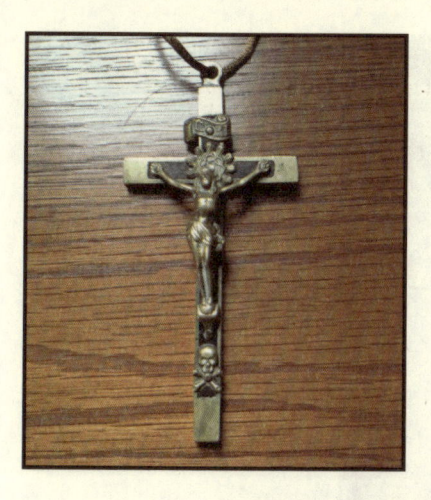

Prancha 13. Crucifixo do Vampiro Templário.

Prancha 14. Foto de aura do autor com o Crucifixo do Vampiro Templário.

Prancha 15. A foto de John DeSalvo sozinho apresenta um halo predominantemente azul.

Prancha 16. Esta fotografia de aura de John foi tirada durante um momento em que ele acreditava estar canalizando um espírito. As fotos de aura anteriores, como nas pranchas 1 e 15, não apresentam este halo branco.

Dee também possuía a maior coleção particular de livros e manuscritos da Inglaterra. Ele apresentou uma proposta à rainha a favor da criação de uma biblioteca pública de livros e manuscritos. (Essa proposta ficou conhecida como *A Supplication for the Recovery and Preservation of Ancient Writers and Monuments*.[19]) Infelizmente, ela nunca foi aprovada. Assim, ele continuou a expandir e complementar sua própria coleção de livros e manuscritos até ela se tornar o que foi, sem dúvida, a maior coleção particular do mundo, contendo presumivelmente mais de 4 mil volumes de material.

O que era tão incomum sobre Dee é que ele tinha uma ânsia, ou devemos dizer obsessão, por encontrar as respostas para as grandes questões da vida. Ele não acreditava ser capaz de fazer essas descobertas de maneira mundana, mas sim utilizando ajuda espiritual, entrando em contato com os anjos, o que, junto de um cristalomante, Edward Kelley, ele tentou fazer. "O que é um cristalomante?", você pode estar se perguntando. Um cristalomante é um médium que consegue ver através de objetos antigos ou esotéricos e observar ações sobrenaturais neles. No caso de Dee e Kelley, o processo era o seguinte: com Dee ao seu lado, Kelley observava fixamente uma bola de cristal e, após entrar em um estado levemente alterado, detectava os anjos e se comunicava com eles, enquanto Dee registrava o que ele dizia. As comunicações angélicas ou "Ações", como Dee as chamava, começaram com os anjos transmitindo-lhes instruções e orientações para construir algum aparato ritual, como uma tábua, por exemplo. Diagramas e símbolos também seriam frequentemente transmitidos como parte do processo de comunicação.

Quando todos estavam prontos, os anjos começaram a transmitir a Kelley e Dee o que eles denominaram "Chamados". Esses Chamados eram invocações que, se repetidas, atuariam como chaves para acessar reinos celestiais específicos, chamado de "Éteres". Após entrar em um Éter, era possível ter contato com seu anjo residente. Dee e Kelley receberam os Chamados específicos de cada um dos Éteres, 30 ao todo, bem como o nome de cada Éter específico e de seus anjos residentes.

---

19. Dee, *A Supplication for the Recovery and Preservation of Ancient Writers and Monuments*.

Dee e Kelley receberam muitas outras informações, mas limitei minha pesquisa e meus últimos livros a esses Chamados Enochianos e às comunicações associadas a eles. Sinto que essa é a parte mais importante das comunicações angélicas, pois é relevante para acessar os mundos espirituais, comunicar-se com os anjos bons e sagrados e ir em direção a Deus. Os anjos comunicaram a Dee que essa informação transmitida era a mesma que Deus havia enviado anteriormente a Enoch.[20] Eles também disseram a Dee que ele seria o mensageiro do conhecimento perdido de Enoch e que, consequentemente, ele era "o segundo Enoch".

Embora eu acredite saber muita coisa sobre John Dee e ter um entendimento bastante preciso sobre ele, existem algumas questões enigmáticas a seu respeito que não consigo compreender totalmente. Uma delas é o motivo de ele ter escolhido Edward Kelley para ser seu companheiro espiritual. Dee era inteligente, sábio, engenhoso, distinto, respeitado, honorável e confiável. De fato, ele era um confidente da rainha. Kelley, por outro lado, era exatamente o oposto: bruto, suspeito, sorrateiro e traiçoeiro – de certo modo, um verdadeiro imoral. As orelhas de Kelley foram mutiladas, e diziam que isso era porque ele fora pego cometendo falsificação. (Cortar as orelhas era uma punição conhecida para os falsificadores naquela época.) Observando a parceria de John Dee e Edward Kelley, eles não pareciam ser possíveis companheiros, visto que eram dois tipos de pessoas muito diferentes. Por que escolheram trabalhar de maneira tão próxima um com o outro?

Em minha opinião, as pessoas podem adotar uma parceria porque a outra parte oferece algo de que elas necessitam, mas não possuem. Kelley era um vidente talentoso e conseguia ver através de bolas de cristal e sentir os anjos e o mundo angélico. Isso é algo que Dee tentou por muitos anos, mas não obteve sucesso em suas tentativas. Identifico-me com isso porque *eu* sempre quis praticar cristalomancia, mas, assim como Dee, nunca obtive sucesso. Adquiri inúmeros tipos de cristais, bolas de cristal e espelhos negros – comprei tudo o

---

20. Uma história mais detalhada sobre o dr. John Dee e como ele se comunicou com os anjos é contada em meus livros anteriores *The Lost Art of Enochian Magic* e *Decoding the Enochian Secrets*.

que você possa imaginar –, acreditando que talvez eu não tivesse a ferramenta espiritual adequada e que, uma vez que eu a adquirisse, ela faria toda a diferença. Bem, isso não funcionou, e, por fim, cheguei à conclusão de que simplesmente não tenho habilidade para esse tipo de percepção psíquica.

Sei que as pessoas dizem que é possível desenvolver quase todo tipo de habilidade com a prática, mas acredito que existem determinados talentos que são naturais, assim como no mundo físico. Por exemplo, não importava quantas aulas de piano eu fizesse e quanto praticasse, eu ainda era terrível tocando piano. Isso se passou porque eu tinha bem pouca habilidade natural para tocar piano. Por outro lado, comecei a tocar bateria aos 4 anos de idade e me tornei um baterista talentoso ao longo de minha vida.

Em todo caso, agora compreendemos que Dee precisava de Kelley por causa de um talento que lhe faltava, mas por que Kelley precisava de Dee? O que Kelley viu em Dee que ele não tinha? Bem, dinheiro, evidentemente. Kelley era pobre e viu em Dee uma fonte de apoio financeiro. Dee, de fato, lhe pagava bem e cuidava de Kelley e de sua esposa.

Talvez ainda mais significativo fosse o fato de que Kelley era alquimista, assim como Dee. Na realidade, Dee era um dos alquimistas mais respeitados e especializados de sua época, e possuía um laboratório de alquimia amplo e equipado, no qual ele trabalhava em seus experimentos. Kelley, sem dúvida, deve ter achado isso muito interessante, visto que sua paixão principal era a alquimia, e *não* o contato com os anjos. A verdade é que Kelley estava tentando encontrar formas de sintetizar ouro e pode muito bem ter pensado que Dee também estaria interessado nisso. No entanto, apesar de Dee ser alquimista, ele era alquimista *espiritual*, e não do mundo material. Dee não estava interessado em transmutar ouro do metal, ele estava interessado em transmutar sua alma para níveis de consciência superiores.

Quando Kelley percebeu que o trabalho alquímico com Dee não era provável, aparentemente demonstrou a Dee que queria deixar a parceria e trabalhar sozinho. Mas para onde ele iria e quem o financiaria e o apoiaria como fez Dee? Acredito que Kelley deve ter feito algumas ameaças de partir a fim de pressionar Dee para que buscasse a alquimia, mas isso não funcionou. Dee tinha mente e vontade próprias, ele queria entrar em contato com os anjos, e ponto final. Essa era sua motivação, seu objetivo, sua força motriz. Era sua verdadeira razão de ser.

Por fim, Kelley desistiu de tentar realizar experimentos alquímicos com Dee, percebendo que, enquanto fossem parceiros, sua alquimia teria de esperar. Era preciso adiar até um momento futuro, quando pudesse encontrar um benfeitor mais adequado para seus objetivos, o que ele, por fim, conseguiu. Infelizmente, isso não evoluiu como planejado, e Kelley perdeu sua vida tentando escapar de um castelo no qual ele foi aprisionado por um imperador, a fim de que praticasse alquimia e produzisse ouro. Ele caiu da torre, quebrou a perna e, por fim, morreu.

Uma dúvida que tenho a respeito de seu trabalho em parceria é: Dee confiava em Kelley? Sem dúvida, no começo da parceria, Dee desconfiava de Kelley por causa de seu passado sombrio. E as ações sombrias continuaram, pois, em uma ocasião, Dee surpreendeu Kelley tentando praticar magia negra. Os anjos posteriormente deixaram claro para Kelley e Dee que essa não era uma questão insignificante. Kelley precisava parar com isso se ele quisesse continuar com suas conversas angélicas. Por causa do caráter dúbio de Kelley, acredito que Dee provavelmente nunca confiou nele de verdade.

E o que Kelley achava de Dee? Acredito que Kelley via Dee como um mal necessário. Kelley precisava do dinheiro que Dee lhe pagava, bem como dos aposentos que Dee oferecia a ele e sua esposa. Além disso, a associação conferia a Kelley alguma dignidade, pois, afinal de contas, ele era parceiro do cientista, matemático e astrólogo mais respeitado e honrado da Inglaterra.

Nessa conjuntura, eu gostaria de acrescentar o que intuitivamente sinto ser verdade sobre o dr. John Dee. Ele era um homem muito frustrado, especialmente com o passar dos anos. Embora seu conhecimento do mundo físico fosse incomparável, acredito que ele estava consternado porque não conseguia responder a algumas das grandes questões da vida, como: existe um Deus? Por que estou aqui? O que acontecerá comigo quando eu morrer? Dee deve ter sentido que todos os estudos e pesquisas no mundo não poderiam lhe oferecer as respostas que ele buscava, e estava certo. Portanto, ele recorreu a tentativas de entrar em contato com os anjos diretamente, para comprovar essas verdades espirituais por conta própria.

Mas qual era seu motivo real para fazer isso? Acredito que Dee sabia tudo sobre Enoch e que tinha acesso a partes que estavam faltando do *Livro de Enoch*. É também evidente que ele se via como o segundo Enoch. Dessa forma, queria viajar pelos sete céus, assim como Enoch fez, a fim de vivenciá-los e registrar suas descobertas. Sem dúvida, ele percebeu que a chave para entrar nesses céus estava na informação angélica que ele estava recebendo. O acesso do qual ele dispôs era semelhante a um portal abrindo-se para os céus. Mas, então, algo interrompeu a comunicação angélica e impediu que ele alcançasse seu objetivo real de entrar nos céus diretamente, como Enoch fez.

Também tenho esse objetivo, e é significante que, na comunicação angélica que realizei, os anjos me disseram que sou "o terceiro Enoch". Isso porque eu recebi a tarefa de completar o trabalho de Dee, trazendo-o de volta ao mundo, mas de uma forma que a maioria das pessoas possa utilizar. Em outras palavras, as partes interessadas não precisam realizar rituais secretos, juntar-se a grupos mágicos e/ou utilizar todas as formas de ferramentas mágicas desnecessárias para alcançar o resultado desejado. Em vez disso, agora é possível um indivíduo realizar o que antes requeria um grupo de pessoas para concluir. É por isso que os anjos me orientaram para desenvolver a Meditação Enochiana, que publiquei pela primeira vez em meu livro *The Lost Art of Enochian Magic*.

É importante também lembrar que os anjos ofereceram a Dee toda a informação teórica para aplicar e utilizar a magia, mas nunca lhe disseram precisamente *como* aplicá-la ou utilizá-la. Eles interromperam as comunicações antes de isso ocorrer. Em um capítulo mais adiante neste livro, com orientações simples e claras, compartilharei algumas dessas informações com você, já que as descobri, recentemente, por conta própria.

A seguir, voltaremos nossa atenção à estranha interrupção que ocorreu no trabalho de Edward Kelley e John Dee. Esse é o assunto do próximo capítulo e, de fato, é um incidente muito inusitado e misterioso.

3

O INCIDENTE DE TROCA DE ESPOSAS ENTRE DEE E KELLEY

Dadas as reservas que John Dee tinha a respeito de Edward Kelley, e vice-versa, e embora houvesse conflito e desconfiança entre eles ao longo de sua parceria, Dee mantinha uma fé fundamental na habilidade de Kelley em entrar em contato com o mundo angélico por meio do processo de cristalomancia. O sucesso dessa prática se tornou o elo que mantinha esses dois homens tão diferentes trabalhando juntos em uma parceria espiritual.

Até que ocorreu um episódio muito estranho que colocou um fim à sua colaboração. Pode ser que, após observar o título deste capítulo, o leitor pense que estou fazendo uma piada, pois isso soa mais como algo que vemos em uma novela moderna, na televisão. Mas estamos tratando aqui da Inglaterra elisabetana do século XVI! Realmente significa que o dr. John Dee, o estudioso mais respeitado da Europa, estava envolvido em uma troca de esposas? "De forma alguma", você pode estar pensando. Bem, vamos ver como essa história se desenrola.

Dee e Kelley se comunicavam com os anjos havia anos. Eles também estavam viajando, com suas esposas, pela Europa e pela região dos Países Baixos. Durante suas viagens, Dee continuou a escrever em seus diários. Ele, Kelley e suas respectivas esposas, sem dúvida, estavam muito próximos naquela época. Eles se hospedavam juntos enquanto viajavam, comiam juntos e passavam boa parte do tempo juntos. Em minha opinião, a esposa de Dee, Jane, pode ter desempenhado algum papel nessas comunicações angélicas; no entanto, Dee não indica isso especificamente em seus diários. Pode ser que ele quisesse protegê-la caso os diários fossem expostos ao público. Lembre-se de que as pessoas eram mortas por crenças heréticas naquele período da história. Pode ter sido o caso de a mulher de Kelley ter também participado do processo de comunicação, mas isso, mais uma vez, é apenas especulação de minha parte. Seja como for, os quatro, sem dúvida, compartilharam o objetivo comum de finalizar as comunicações angélicas, de forma que pudessem receber respostas para as questões metafísicas mais urgentes e instruções de como realizar, precisamente, os rituais mágicos que os anjos lhes transmitiam.

É importante reiterar que, naquela época, Dee geralmente não conseguia ver nem ouvir os anjos (em algumas ocasiões, ele relatou ter sentido os anjos). Kelley era o cristalomante, a pessoa que via e ouvia os anjos por meio dos cristais. Era ele quem se comunicava com os anjos. Dee, por outro lado, fazia perguntas e registrava as respostas em seus diários. Ele tinha de confiar em Kelley para transmitir e interpretar o que os anjos diziam e o que ele via. Kelley poderia ter inventado algo a qualquer momento, e Dee provavelmente não iria descobrir. Ou talvez ele descobrisse. De toda forma, até o momento, não há indícios de que Kelley tenha repassado informação falsa para Dee.

Mas por que Kelley não inventou o que quisesse para conseguir obter aquilo que ele desejava de Dee?

O motivo é porque ele deve ter se convencido de que essas comunicações angélicas eram genuínas e haveria consequências reais caso ele falsificasse uma interpretação ou inventasse algo em benefício próprio. Está claro que ele não fez isso, pois não há registros a esse respeito em nenhum lugar dos diários. Além disso, vale lembrar que os anjos repreenderam Kelley em uma ocasião por seu comportamento, como na vez em que ele praticou magia negra. Por que Kelley relatou isso a Dee quando ele poderia ter simplesmente ignorado? Provavelmente porque ele tinha medo. Novamente, ele sabia que os anjos eram reais. Seu comportamento teria consequências. Se em algum momento ele considerasse inventar comunicações angélicas para seu próprio benefício, acredito que os anjos saberiam ou perceberiam isso, e Kelley seria obrigado a confessar. Isso não significa que ele nunca tenha considerado usar essas Ações dos anjos para seu próprio benefício – tenho certeza de que ele considerou. Mas ele nunca realmente fez isso, e podemos somente especular sobre a lógica de Kelley em se manter distante de problemas.

Essa especulação é importante para entendermos o incidente da troca de esposas.

A história da troca de esposas ocorreu assim: após muitos anos de comunicações angélicas, um dos anjos femininos, Madami – que ofereceu a Dee e Kelley alguns dos Chamados Enochianos –, disse a Kelley que ela queria que Dee e Kelley dormissem um com a esposa do outro, para basicamente consolidar seu relacionamento e afirmar sua dedicação entre si.[21] Isso teria sido recebido como um choque para Dee e, sem dúvida, a primeira coisa que ele deve ter pensado é que Kelley inventara essa ordem para conseguir dormir com sua jovem e bela esposa. Mas, após refletir, não fazia sentido para Dee que Kelley inventasse isso; era tão ridículo que Kelley saberia que Dee iria rejeitar isso de imediato. Mas Dee não o fez e, portanto, deve ter concluído que, se Kelley realmente ouviu isso de anjo, então essa mensagem provavelmente vinha de um anjo mau que tentava levar todos a pecar, indo contra a vontade de Deus.

Essa era uma boa suposição, até nos lembrarmos de que o anjo em questão era Madami, com quem Dee e Kelley tiveram muitas comunicações angélicas. Se Madami, realmente, era um anjo mau, isso invalidaria todas as comunicações angélicas aparentemente legítimas, especialmente os Chamados Enochianos, alguns dos quais transmitidos por ela. A ordem teria sido dada por outro anjo fingindo ser Madami? Provavelmente não, pois os anjos bons teriam interferido, já que, anteriormente, eles avisaram Dee e Kelley de que algumas de suas comunicações tinham sido contaminadas pela interferência de anjos maus. Isso realmente ocorreu uma série de vezes anteriormente em suas comunicações, nas quais um anjo

---

21. Wilding, *Raising Spirits*, p. 381-420.

apareceu e se identificou com o nome de um anjo conhecido por eles. Algum tempo depois, no entanto, o anjo verdadeiro usando o mesmo nome surgiu para banir o impostor e avisar a Dee e Kelley que eles haviam sido enganados.

Portanto, se Kelley dizia a verdade, então ele recebeu a ordem de troca de esposas diretamente de Madami (visto que nenhum anjo "bom" interveio para alterar o registro). Nesse ponto, Dee deve ter ficado estarrecido. O interessante é que, se você ler os diários de Dee, verá que ele não compreendeu realmente o pedido, porque imediatamente pergunta: "Dividir em qual sentido, no sentido carnal, contrário à lei do mandamento, ou no sentido de amor espiritual?".[22] Ele deve ter pensado que sua compreensão do pedido estava errada e que o anjo queria dizer amor espiritual, em vez de amor carnal. No entanto, o anjo deixou isso bem claro dizendo a Kelley: "Eu falo de ambos".

Após saber da ordem, Dee obviamente ficou consternado e confuso; isso é confirmado pelos registros em seu diário. Ele tinha uma fé muito grande nos anjos, e isso contradizia tudo em que ele acreditava. Lembre-se de que Dee era um homem muito moral e espiritualizado; sempre rezava demoradamente antes das comunicações angélicas. Acreditava na bondade de Deus e dos anjos e na santidade do matrimônio. O que Kelley sugeria que eles fizessem ia contra todos os seus valores e morais.

Não acredito que a maioria dos estudiosos refletiu a respeito desse assunto em detalhes. Eles também não se colocaram no lugar de Dee, o que tentei fazer. É muito fácil considerar a ordem como algo que Kelley inventou, ou assumir que um anjo mau fingia ser Madami, mas os fatos não correspondiam a essas ideias. Qualquer uma dessas suposições levaria a questionar o conjunto total de comunicações angélicas que Dee e Kelley receberam dos anjos. (Na verdade, alguns estudiosos fazem isso, especialmente os cristãos conservadores; eles acreditam que as comunicações angélicas são más e provenientes do diabo. Essa ordem de Madami apenas ajuda a reafirmar essa opinião.)

Em todo caso, quando Dee discutiu essa questão com sua esposa, Jane, ela ficou consternada e se mostrou contrária à ideia de

---
22. Casaubon, *A True and Faithful Relation*, suplemento 11.

troca de esposas. No entanto, por fim, ela e Dee decidiram seguir adiante com isso.

Quanto a Kelley e sua esposa, Joanna, não temos nenhuma ideia do que aconteceu entre eles, mas provavelmente ela não ficou entusiasmada com a ideia de ter relações sexuais com o sexagenário Dee, levando em conta que ela tinha apenas 32 anos. O que nós *sabemos* é que os quatro assinaram um pacto ou acordo em relação a essa ordem; nele é possível ler: "... Ó Deus Todo-Poderoso... no momento presente, confessamos fiel e sinceramente, e reconhecemos que tua profunda sabedoria nessa nova e desconhecida doutrina proposta, recomendada e ordenada somente a nós quatro, está acima da razão humana".[23]

Então, o que aconteceu? Dee ignorou a ordem angélica ou a troca de esposas realmente aconteceu? Alguns autores e pesquisadores acreditam que Dee e Kelley nunca levaram isso à prática; no entanto, alguns dias depois, Dee escreveu em seu diário pessoal as palavras em latim "*Pactum factum*", ou seja, "Pacto cumprido". Consequentemente, acredito que a troca de esposas realmente aconteceu. É interessante que, exatamente nove meses depois, em 28 de fevereiro de 1588, Dee e sua esposa tiveram um filho, que eles chamaram de Theodorus Trebonianus Dee. Ele era filho de Dee ou de Kelley? Ninguém nunca terá certeza.

Em vez de a troca de esposas ter fortalecido a parceria entre Dee e Kelley, conforme os anjos alegaram como propósito, aparentemente isso fez com que as comunicações angélicas fossem interrompidas completamente. O dia das últimas comunicações angélicas foi 23 de maio de 1587, a manhã seguinte à troca de esposas. Se o propósito da troca de esposas era consolidar a parceria entre Dee e Kelley e eles fizeram o que os anjos pediram que fizessem, então por que as comunicações acabaram? Tenho minha própria teoria, que é a seguinte: acredito que os anjos desejaram iniciar uma linhagem mágica a fim de continuar as comunicações e desenvolver a magia a uma arte superior ao longo dos séculos. Por que uma linhagem é tão importante? Bem, isso é essencial ao longo da história, porque, para se tornar um rei ou uma rainha na Inglaterra, era exigida uma prova

---

23. Pacto assinado; Casaubon, *A True and Faithful Relation*, suplemento 21.

de que a pessoa tinha uma linhagem real. As genealogias na Bíblia são importantes em relação a isso, especialmente no que diz respeito aos reis de Israel, que deveriam pertencer a determinada casa ou tribo para ser considerados qualificados para a função. Da mesma forma, um sacerdote deveria pertencer a uma tribo específica para ser consagrado. Em nossa sociedade, as linhagens são relativamente insignificantes, mas, para as sociedades antigas e medievais, essa era uma questão diferente. Para justificar Jesus como o Cristo – o consagrado ou escolhido –, dois capítulos nos evangelhos listam sua genealogia. Isso tudo é apenas simbólico ou havia um propósito genético, que desconhecemos?

Existe um componente genético para a magia? Existem muitos genes no corpo humano cuja função ainda é desconhecida. Talvez um desses genes, uma vez ativado, permita a comunicação com o mundo angélico e os reinos superiores. Uma pessoa comum potencialmente pode ser capaz de ativar isso até certo ponto por meio de práticas psíquicas, mas nascer com esse gene dominante e não recessivo pode proporcionar a alguém uma habilidade psíquica muito maior e talvez até mesmo permitir o acesso aos reinos angélicos superiores. Talvez o objetivo da troca de esposas fosse Joanna e Kelley terem um bebê e, idealmente, um teria um filho e o outro teria uma filha, e eles se uniriam para formar a primeira descendência mágica. Isso pode parecer estranho, mas, observado o contexto histórico precedente relacionado às linhagens reais, a ideia pode não ser tão improvável.

Outra teoria possível em relação à ordem de troca de esposas está ligada ao poder da energia criada. Essa é uma forma alquímica de observar a situação. Desenvolver um potencial é geralmente um importante primeiro passo quando alguém realiza um ritual de qualquer tipo. Você precisa de poder. Assim como necessita de poder no domínio físico, você precisa de poder no domínio espiritual. Nós não sabemos realmente qual é a essência desse poder espiritual, nem podemos quantificá-lo, mas ele existe – é só perguntar a algum mago ou médium. Essa é a essência do mundo espiritual e a força que faz as coisas acontecerem. Alguns praticantes de magia sexual defendem o desenvolvimento de um forte desejo sexual, e alguns até sugerem fazer isso sem consumar o ato sexual em si. Isso cria a energia e o poder necessários.

Lembre-se de que Dee era uma pessoa muito respeitável e honrada, com morais elevadas. Talvez os anjos nunca realmente esperaram que ele cumprisse a ordem; no entanto, eles devem ter considerado que, com a simples menção do pedido, eles catalisariam um certo nível de tensão sexual entre os quatro.

A única coisa de que realmente temos certeza é que, uma vez que a troca de esposas ocorreu, as comunicações com os anjos foram interrompidas e a magia cessou. Isso aconteceu por que a energia sexual dos indivíduos foi gasta? Consumar uma relação pode ser comparado a descarregar uma bateria. Durante o ato, eles podem ter esgotado seu poder sexual e, consequentemente, seu poder mágico coletivo, que fora construído por anos.

Outra especulação a respeito do motivo de as comunicações angélicas terem sido interrompidas inclui a possibilidade de que Dee se sentiu tão culpado em relação ao seu comportamento imoral que isso destruiu sua habilidade de continuar seu trabalho espiritual. Ou, talvez, Kelley tenha ficado deprimido com o assunto porque sua experiência não foi como ele pensava que seria? Talvez isso tenha feito com que ele perdesse sua habilidade de vidência ou o interesse pelo tema. Será que as esposas tiveram participação na interrupção de comunicações angélicas futuras porque ficaram indignadas com o que aconteceu? Eu posso continuar fazendo uma série de perguntas, mas, até que tenhamos mais informações, tudo isso é apenas uma conjectura.

A grande perda é, sem dúvida, o fato de que a técnica de como utilizar a magia angélica precisamente nunca foi comunicada a Kelley e Dee. É uma enorme pena; no entanto, pode ser o caso de que essa informação seja transmitida a nós no futuro, de alguma maneira, ou pode ser que eu já tenha desvendado uma parte desse enigma tão misterioso.

4

VALIDANDO OS ANJOS

Conforme mencionei na introdução, atualmente todas as pessoas se interessam por anjos – isso se tornou uma indústria multimilionária. E o interessante é que esses anjos são sempre bons, prestativos e amáveis. Eles se importam conosco. Isso parece tão maravilhoso. Todos nós precisamos de ajuda para prosperar e ser felizes. Os anjos são a resposta para isso?

Quanto a isso, precisamos fazer algumas outras perguntas fundamentais. A primeira é: os anjos são reais ou apenas invenções de nossa imaginação? Ou seja, eles são uma realidade objetiva independente de nossa existência ou apenas uma invenção de nossa mente consciente e/ou inconsciente? Eles são produzidos por nosso cérebro, nossos próprios processos mentais? Talvez sejam como alucinações nas quais uma pessoa realmente acredita e até jura ver. Como determinamos se os anjos são reais ou imaginários?

Há duas formas de responder a essa pergunta. A primeira é que não temos nenhuma prova científica definitiva de que os anjos sejam uma realidade verdadeira ou objetiva. Essa noção de descrença é o que a maioria dos céticos e dos indivíduos da comunidade científica apoia. A outra resposta é que sim, os anjos realmente existem e são um fenômeno real independente de nossa existência. Ou seja, eles continuariam a existir mesmo se os seres humanos não existissem.

Se voltarmos na história, a maioria das escrituras, incluindo aquelas encontradas na Bíblia, confirma a existência dos anjos. Muitas religiões e livros sagrados reconhecem e discutem a existência dos anjos. Geralmente os anjos ajudam os homens aplicando milagres, fazendo profecias e alertando a humanidade. Alguns exemplos de nossa Bíblia incluem o famoso caso de Abraão. Um anjo lhe disse para deixar a região de Harã e ir para um local que Deus lhe indicaria. E anjos apareceram para Ló em Sodoma[24] e lhe disseram para deixar essa cidade, pois estavam prestes a destruí-la. Anjos também aparecem no Novo Testamento da Bíblia.

Sendo assim, tenho um pergunta. Por que em épocas antigas e medievais, e até mesmo nós últimos séculos, poucas pessoas alegaram ouvir e conversar com anjos, enquanto atualmente todo mundo os ouve e conversa com eles? Isso se assemelha à situação com os crânios de cristal antigos. Anos atrás, apenas cerca de seis deles eram conhecidos. Hoje em dia, todos possuem um! Assim que surgiu um interesse e um mercado, centenas ou até milhares deles apareceram da noite para o dia – da China até a América Central e a América do Sul.

O que quero dizer é o seguinte: seja objetivo e cético a respeito de toda afirmação e teoria, e questione quem afirmar que conversa com anjos, Deus, espíritos e/ou outros seres sobrenaturais. Pense a respeito disso. Não há informações consistentes sobre os anjos, e, se você juntar todas essas mensagens, elas são inconsistentes. E os anjos *nem sempre* são amáveis e atenciosos. Às vezes pode parecer que eles agem por seus próprios propósitos.

Recentemente, conversei com alguém que me perguntou se as pessoas realmente falam com os anjos e, se sim, o que os anjos dizem. Meu primeiro pensamento foi: se você quer saber fatos verdadeiros sobre os anjos, então não compre qualquer livro sobre eles, ou assista a qualquer especial na televisão ou vá a qualquer especialista sobre o tema. Isso pode parecer muito crítico, mas acredito que essas fontes contêm apenas parte da verdade e que você não sabe se o que as pessoas dizem é verdadeiro ou falso. Na maioria das vezes, nem elas mesmas sabem.

O que os autores e estudiosos que escrevem sobre os anjos nos dizem a respeito deles? A maioria das vezes ouvimos que eles estão aqui para nos ajudar, proteger-nos e nos manter no caminho certo. Isso vale para os anjos bons. Os anjos maus agem de outra forma. Eles querem nos machucar, fazer-nos falhar e nos distanciar de

---

24. Gn 19:1, Bíblia King James.

Deus. Se você se lembrar, no filme *Clube dos Cafajestes* um estudante da Fraternidade estava com uma garota em um dos quartos e ela desmaiou na cama. Nesse momento, surgiu um anjo em cada ombro do rapaz. Um parecia falar como sua mãe, advertindo-o para não fazer nada, enquanto o outro, com aparência malévola, disse: "Vá em frente, faça o que quiser". Era uma cena muito engraçada, mas, em minha opinião, reflete a visão que muitas pessoas possuem dos anjos: eles podem ser tanto bons quanto maus. É possível separar o joio do trigo aqui, discernindo a verdade daquilo que foi imaginado e inventado sobre eles?

A Bíblia e a literatura religiosa antiga descrevem muitas batalhas entre anjos bons e maus nos céus. É só ler o livro Apocalipse. Até mesmo os Manuscritos do Mar Morto tratam de uma guerra angélica futura.[25] Há bastante informação a respeito dos anjos nos livros apócrifos que não fazem parte do cânon oficial da Bíblia, como discutimos anteriormente.

Uma das ideias mais populares sobre os anjos é o conceito de um anjo da guarda. Todos nós temos anjos da guarda para nos ajudar e nos guiar? Algumas pessoas acreditam que temos mais de um anjo da guarda e/ou diferentes anjos da guarda em diferentes épocas de nossa vida, dependendo de nossas necessidades e circunstâncias. Você tem de admitir que, em algumas situações de sua vida, simplesmente percebeu que alguma intervenção sobrenatural ocorreu para salvá-lo ou protegê-lo. O que quer que tenha acontecido, aconteceu não por sorte ou por pura coincidência, mas porque um anjo interveio na situação.

Uma de minhas histórias favoritas a respeito disso foi-me contada por um amigo muito próximo. Ele era sacerdote católico, e nós passávamos muito tempo juntos. Ele me contou sua história, um dia, enquanto estávamos na fila para assistir a um filme em um museu de ciência. Ele estava no meio do nada em Minnesota, ajudando uma pessoa a cortar algumas árvores grandes. Não consigo me lembrar de todos os detalhes, mas ele disse que estava embaixo de uma árvore grande e a pessoa, com um serrote, cortava alguns galhos. Por acidente, um galho grande e pesado da árvore quebrou e

---

25. DeSalvo, *Dead Sea Scrolls*, p. 66-67.

começou a cair bem em direção à cabeça de meu amigo. Ele não estava prestando atenção, então não tinha a menor ideia do que acontecia. Ele me disse que ouviu uma voz nítida (não era do madeireiro, pois ele estava no alto e não era possível ouvi-lo, e não havia mais ninguém em volta) que saiu de algum lugar bem de dentro dele e disse: "Saia!". Mas ele disse a si mesmo: "Por que eu devo sair?". E então ele ouviu a voz novamente, e ela disse de uma maneira muito convincente: "Saia agora!". Então, meu amigo saiu rapidamente – instantes antes de o grande galho atingir o solo exatamente onde ele estava. Ele poderia ter morrido ou ficado gravemente ferido se o galho tivesse caído em cima dele.

Meu amigo, um sacerdote católico, definitivamente acreditou que seu anjo da guarda o salvou naquele dia. Para mim, essa história é um exemplo de uma intervenção angélica verdadeira.

Também precisamos reconhecer que muitas pessoas criam anjos conforme a imagem que elas acreditam que eles tenham. Sem dúvida, você já ouviu esta frase: "Criamos Deus à nossa imagem". O mesmo acontece com a forma como percebemos os anjos. Mas muito do que acreditamos sobre os anjos é falso? Sempre pensamos que os anjos existem para nos ajudar. Mas e se eles tiverem seus próprios propósitos e nos usarem ou nos manipularem para se beneficiar ou para conseguir cumprir seus objetivos com o pretexto de estarem nos ajudando? Talvez alguns deles não se preocupem com nossos sentimentos, objetivos e desejos na vida. Essa ideia foi-me sugerida, pela primeira vez, por uma grande amiga, a médium Helene Olsen, e quanto mais vivencio os anjos e me comunico com eles ao longo dos anos, mais acredito que isso seja, no mínimo, parcialmente verdadeiro. Sei que muitas pessoas não vão querer ouvir isso, mas minha experiência me levou a essa conclusão.

Também acredito que alguns anjos, mas não todos, podem agir como autômatos ou robôs, cumprindo suas metas e missões de forma impassível, sem considerar nossos sentimentos. Se acreditarmos que são amáveis e bondosos, eles podem ser capazes de usar isso para nos manipular a fim de cumprir sua ordem. Isso parece sinistro, mas, novamente, o que sabemos com certeza a respeito deles?

A conclusão à qual chego é que existem muitos tipos diferentes de pessoas e almas neste mundo. Algumas são boas, outras são más; algumas são amáveis, outras são cheias de ódio; algumas são inteligentes, outras nem tanto – e assim por diante. O mesmo é verdadeiro em relação ao reino angélico, que *não é* o céu. *Não é* um estado perfeito. Em minha opinião, está meramente um passo acima de onde estamos agora neste plano terreno, e seus habitantes ainda estão lutando espiritualmente; eles não são conhecedores de tudo.

Conforme muitos dos livros sagrados dizem, precisamos testar os espíritos, e não apenas confiar completamente neles porque eles pertencem a um reino espiritual, e não a um reino terreno.

Eu gostaria de poder lhe oferecer um guia ou manual a fim de ajudá-lo a determinar quais anjos são bons e prestativos e quais são maus e podem ser cruéis, mas esse tipo de material não existe. Além disso, não acredito que exista uma estrutura no mundo angélico que possamos detectar. Muitas pessoas, atualmente e no passado, criaram uma classificação, mas essa é apenas uma invenção humana. Nosso sistema de divisão entre "superior" ou "inferior" é arbitrário.

Reconheço que isso pode ser desanimador, pois sem dúvida você esperava que eu pudesse me estender sobre o assunto e descrever uma hierarquia de anjos organizada e coerente e o reino angélico. Parece que atualmente todos têm uma resposta, então, se você perguntar a um suposto especialista em anjos sobre sua classificação e a estrutura do reino angélico, ele pode sugerir algo que pareça impressionante, mas não passa de uma suposição.

Não gosto de repetir isso, mas é importante dizer novamente: precisamos usar nosso poder de discernimento para testar tudo o que ouvimos. Outra sugestão é: use sua intuição – geralmente ela é a melhor forma de julgar as coisas. Acredito que ela envolve nossa noção psíquica e espiritual. Seja crítico, seja cético e use sua intuição para determinar se a informação que você recebe vem de uma fonte humana ou de uma fonte angélica. Essa não é uma tarefa fácil, então vou compartilhar com você algumas de minhas orientações para conseguir fazer isso. Elas são as seguintes:

Se um anjo me pede para fazer alguma coisa que não está de acordo com o que acredito que seja bom ou útil para mim e para os outros, questiono ou desconsidero o pedido. Se um anjo me pede para causar dano a alguém ou para agir de maneira egoísta, não sigo essa ordem. A ação tem de parecer certa para mim e ser algo que eu sinta ser bom e sagrado.

Também podemos pedir opinião e conselho a outras pessoas que acreditamos ter uma percepção espiritual maior do que a nossa. No entanto, preciso fazer um alerta aqui. Geralmente essas pessoas são como nós, estão tentando descobrir tudo. Seria como perguntar a um investidor do mercado de ações em quais ações investir. Você acredita que ele tenha mais conhecimento e confia nele, mas e se ele não tiver e for tão passível de falha quanto você? Esse mesmo problema existe no mundo espiritual.

Outro tema que eu gostaria de abordar, muito popular atualmente nos círculos espirituais e angélicos, é a prática de energizar um objeto espiritual. Esses objetos podem incluir joias, velas, incensos e pedras e/ou minerais. Acredita-se que esse processo aumente a frequência vibracional ou ressonante do objeto a um nível mais elevado e efetivo.

No entanto, não acredito que isso realmente aconteça quando um objeto é energizado com energia espiritual. Vou dar um exemplo do mundo físico, que pode ser aplicado no mundo espiritual. A frequência de um átomo ou molécula é constante e não muda, a não ser que algo o altere drasticamente, deixando de manter a mesma forma atômica ou molecular. Ele deixa de ser *aquele* átomo ou molécula. Energizar um átomo ou uma molécula irá mudar a *amplitude* dessas partículas, e não a frequência. Acredito que essa teoria se mantenha verdadeira tanto para a energia física quanto para a energia espiritual. Para apoiar essa visão, por que, quando você segura um objeto que não está energizado, não sente nada? Em seguida, quando alguém o energiza, você sente a energia. Agora ela é sentida por sua percepção espiritual e até por sua percepção física. Essa energia cresceu porque a amplitude está maior.

Outra forma de pensar sobre isso consiste em perceber que você pode mudar a harmonia do objeto adicionando-lhe oitavas mais altas ou mais baixas da mesma nota. Você não está mudando a frequência, mas sim acrescentando *múltiplos* da mesma frequência.

Você não está mudando a constituição geral do acorde – ainda é um dó, com outras oitavas de dó acrescentadas. Acrescentar as oitavas adicionais é semelhante a aumentar ou alterar sua amplitude.

Isso tem uma aplicação interessante. Acredita-se que, se você segurar dois objetos, um em cada mão, isso emite vibrações espirituais diferentes; eles podem interferir um no outro – como batidas entre duas frequências diferentes. Os padrões de ondas que eles formam interferem um no outro. Portanto, se você segurar um cristal na mão direita e outro na mão esquerda, pode não se sentir bem; é melhor segurar um de cada vez. Vamos supor que o primeiro cristal vibra com um dó e o segundo com um ré. Quando você coloca um cristal em uma mão e o outro na outra mão e os dois vibram, é criada uma dissonância. Essa dissonância entra em seu corpo físico e em seu corpo espiritual e causa interferência. Algo não está equilibrado, e você não se sente bem. Às vezes, é melhor usar apenas um objeto para energia espiritual, pois, se você usar dois ou mais objetos juntos, eles devem ter a mesma ressonância para se tornarem efetivos.

É preciso considerar mais uma coisa. E se um objeto está energizado de forma negativa ou existe uma maldição associada a ele? Os médiuns conseguem sentir quando um objeto tem uma energia ruim ou maligna. Assim, quando você compra um artefato ou um cristal, é importante seguir sua intuição e tentar determinar a qualidade da energia que o objeto possui. Se ele tiver uma energia ruim, é melhor reconsiderar a compra. Ou você pode comprar o objeto e purificá-lo espiritualmente. (Esse assunto foi tratado por mim em um livro anterior.[26]) Mais adiante, *neste* livro, discutirei os prós e os contras de purificar um objeto espiritualmente, e, embora eu nem sempre recomende isso, pois algumas purificações podem ser muito invasivas, sugiro os seguintes procedimentos: passe o objeto pela fumaça de um incenso ou sálvia, ou faça uma oração simples sobre ele, pedindo que toda energia má ou negativa se afaste e que apenas a energia boa e sagrada permaneça. Talvez não seja necessário purificar *todos* os objetos que você obtiver, mas apenas aqueles nos quais sentir alguma energia negativa. Quero finalizar este capítulo com mais algumas percepções e especulações. (Lembre-se de que é permitido especular,

---

26. DeSalvo, *Power Crystals*, p. 135-137.

desde que você identifique isso como especulação, e não como fato.) Minha especulação é que os anjos são reais e o mundo angélico é um local real e objetivo que existiria mesmo se nosso próprio mundo não existisse. Não há uma linha incisiva de demarcação entre anjos bons ou maus. Além disso, acredito que o desenvolvimento espiritual é um processo que ocorre no reino angélico, assim como ocorre aqui na Terra. Talvez os anjos ascendam à escada espiritual assim como fazemos e, por fim, se unam novamente a Deus. Ou talvez não haja desenvolvimento para eles. Talvez eles estejam sempre no mesmo nível espiritual, e, quando seu papel é concluído, esse é o fim de sua existência, visto que sua única função pode ter sido servir como um mensageiro de Deus.

Muitos anos atrás, quando eu estava na pós-graduação, fui seguidor dos ensinamentos de Meher Baba, um mestre espiritual indiano. Uma vez ele disse que, quando um anjo finaliza sua missão na Terra, esse anjo tem de reencarnar pelo menos uma vez como humano para vivenciar o mundo físico. Achei isso interessante, porque Baba disse que uma senhora seguidora dele havia sido um anjo que escolheu reencarnar na forma humana de acordo com a doutrina espiritual. Conheci essa senhora e nunca havia sentido tanta amabilidade, cordialidade e energia espiritual de alguém em minha vida. E esse foi só um encontro breve! Sentei-me ao seu lado, e, quando ela segurou minha mão, seu amor inundou minha alma. Na época, ela já estava bem velha e eu era um estudante universitário. Esse foi um momento que nunca esquecerei. Ninguém precisou me convencer de que ela foi um anjo em outra encarnação!

Realmente acredito que a conclusão é que sabemos muito pouco sobre os anjos, o mundo angélico, quem eles são, como eles foram criados, quais são seus objetivos e seus destinos. Novamente, todos parecem saber, mas, se você reunir todo o conhecimento angélico, ele é consideravelmente contraditório, e não consistente. E não acredito que os médiuns e videntes saibam mais do que eu ou você. Eles expõem tantas ideias e afirmações conflitantes sobre os anjos quanto as pessoas que não são médiuns e que estão apenas fazendo suposições.

Em relação a videntes, médiuns e adivinhos, quando trabalho com eles, tento escolhê-los com muito cuidado. E, apesar de gostar de receber interpretações, sei que elas nunca são 100% precisas.

Elas servem apenas para minha diversão. Também tento constatar as informações importantes do cotidiano. Não fico impressionado quando um vidente me apresenta informações gerais, que dificilmente podem ser comprovadas ou refutadas. E, a não ser que eu receba informações muito específicas ou que se provem verdadeiras, ou informações que eu não conseguiria obter por mim mesmo, não levo essas previsões tão a sério.

Por que as informações que Dee e Kelley receberam eram diferentes? Porque eram informações muito específicas ou um conhecimento que não poderiam necessariamente possuir. Eles também não poderiam desenvolver isso por si mesmos. As informações que receberam eram uma novidade para o mundo, e, sendo assim, eram muito importantes. Além disso, eram precisas, pois previam resultados específicos. Por fim, as informações eram intrinsecamente consistentes, e com isso quero dizer que não eram contraditórias em relação a outras informações recebidas da mesma fonte.

O problema com a maioria das comunicações angélicas feitas pelos videntes é que elas podem condizer com alguns dos critérios mencionados, mas normalmente não são tão específicas, ou o conteúdo poderia ser facilmente proposto pela própria pessoa.

Não posso julgar um vidente sem ter trabalhado com ele de forma científica e analítica. Nos meus últimos 30 a 40 anos de pesquisa, descobri muitos videntes com os quais trabalho de forma consistente. Faço a eles as mesmas perguntas de maneira independente e então correlaciono suas respostas. Se as informações forem válidas, espero obter um alto nível de correlação entre elas. Essa correlação não deve ser perfeita ou 100% correta, mas precisa ser alta o suficiente para permitir que eu saiba que todos estão obtendo as informações da mesma fonte e que elas são consistentes. Eles também precisam oferecer informações que eu não conheça e talvez, mais tarde, possa descobrir. Elas devem ser específicas e algo útil para mim.

Utilizo esses videntes na prática da psicometria (recebimento e transmissão de informações sobre um objeto ao segurá-lo). Os videntes com os quais trabalho aplicam a psicometria em meus artefatos antigos e apresentam épocas e localizações consistentes sobre eles que, até então, eram desconhecidas para mim. Depois, quando pesquiso sobre esses objetos, invariavelmente descubro que aquilo que os videntes me disseram estava certo. (Posteriormente neste livro, irei detalhar meu trabalho de psicometria com esses videntes.)

Continue recebendo suas interpretações, faça testes e divirta-se – mas seja crítico, cético e científico ao determinar o valor e a precisão das informações que você recebe.

5

ASPECTOS DO MUNDO ANGÉLICO

No capítulo anterior, concluí que não podemos realmente desenvolver um mapa do mundo angélico em termos de hierarquia, estrutura e organização, mas podemos descrever alguns aspectos dos anjos e de seu mundo. Este capítulo irá tratar de algumas propriedades ou características do reino angélico e sua relação com a física moderna, o que para mim é surpreendente.

O que quero discutir, a princípio, é algo chamado de entrelaçamento quântico. Que termo! Parece algo censurado. É interessante que pouquíssimas pessoas tenham ouvido esse termo, embora seja de conhecimento dos físicos e profissionais que trabalham nessa área de pesquisa. O entrelaçamento quântico é um fenômeno estranho que os cientistas realmente não compreendem. O que poderia ser entrelaçado no mundo quântico?

O interessante é que, quando a mecânica quântica foi proposta pela primeira vez na década de 1930, Einstein não estava muito entusiasmado. Ele sentiu que ela tinha muitos problemas inerentes. Isso geralmente acontece com teorias novas, que muitas vezes requerem um bom tempo – e o esforço de outras mentes – para se desenvolver com sucesso e sem erros. (Isso acontece atualmente com a teoria das cordas ou teoria-M, que iremos discutir um pouco mais adiante neste livro.)

Einstein acreditava que o fenômeno do entrelaçamento quântico era estranho e absurdo e que não resistiria à análise científica. Alguns colegas e companheiros de profissão concordavam com ele. Einstein, com dois de seus companheiros, Nathan Rosen e Boris Podolsky, escreveu um artigo atacando a teoria quântica.

No entanto, parece que Einstein e seus apoiadores estavam enganados. Na década de 1980, houve uma verificação experimental. Teorias e hipóteses são interessantes, mas não há nada melhor do que uma verificação experimental para provar ou refutar uma teoria. Na verdade, isso é necessário na ciência. Uma hipótese é meramente isso até que seja demonstrado, por meio de experimentos, que ela funciona – que ela descreve precisamente um fenômeno real que ocorre no mundo físico. Esse foi o caso com a teoria da relatividade geral de Einstein. Quando ela foi apresentada pela primeira vez no começo dos anos 1900, muitos acreditaram que ela não resistiria e iria se desmantelar. No entanto, ela demonstrou que o trajeto da luz de uma estrela foi curvado por causa da atração gravitacional do sol. Isso foi constatado durante um eclipse solar e provou ser a verificação experimental que era necessária para confirmar que sua teoria estava correta.

A mesma coisa aconteceu com o entrelaçamento quântico, mas levou quase 50 anos para essa verificação experimental ocorrer.

O que é essa teoria nova, ou relativamente nova, que é tão misteriosa e difícil de compreender? Para explicá-la, precisamos atualizar nosso conhecimento sobre física. Até a época das teorias da relatividade restrita e da relatividade geral de Einstein, a visão do universo aceita e trabalhada tinha sido descrita pela física newtoniana, nomeada assim graças a Isaac Newton, que apresentou as equações exatas para descrever como as coisas se movem e interagem em nosso mundo real. Segundo ele, o universo era muito simples. Havia um conjunto de leis da física e tudo seguia essas leis.

Se você derrubar uma bola, ela cairá no chão a uma taxa de aceleração de dez metros por segundo quadrado, independentemente do local em que você estiver na Terra e do tipo de bola utilizado. (Isso não é realmente correto, porque a resistência do ar, a rotação da Terra e outros fatores menores podem alterar isso, mas, no geral, se você eliminasse todos esses fatores, a lei geral seria sustentada.) Se você lançasse uma bola a 64 quilômetros por hora, ela continuaria a viajar nessa velocidade a menos que uma força a interrompesse, como a resistência do ar ou a gravidade, por exemplo. Se você estivesse no espaço profundo e jogasse uma bola, ela viajaria quase sempre nessa velocidade, a menos que outra força agisse sobre ela. O universo, de acordo com Newton e seus princípios, era muito lógico, e seguia suas equações matemáticas à letra (ou melhor, ao *número*).

As teorias de Newton, no entanto, foram questionadas quando os físicos começaram a estudar objetos imensos e pesados como planetas, sóis, galáxias e buracos negros. Esses estudos não obedeciam completamente às leis de Newton. Até certo ponto, eles obedeciam, mas normalmente havia alguma variação que não podia ser explicada. A solução veio com Einstein e sua teoria da relatividade restrita em 1905, e sua teoria da relatividade geral, em 1915. Com essas teorias, Einstein chegou a um conjunto de equações mais amplo, que também explicava exatamente o comportamento dos objetos imensos e pesados mencionados anteriormente.

Portanto, por volta dos primeiros anos do século XX, as equações de Einstein explicaram como a maioria dos objetos em nosso universo se comportava. Mas e quanto a objetos muito pequenos, como átomos, elétrons, fótons, partículas subatômicas e até mesmo quarks? Ao fazer os cálculos, chega-se a resultados sem sentido ou números como infinito ou zero. Portanto, apesar de a teoria da relatividade geral e a teoria da relatividade restrita explicarem objetos grandes, elas falharam quanto a esses pequenos objetos ou partículas, assim como a física newtoniana, que falhou diante de objetos muito grandes *e* muito pequenos. Ficou evidente que um novo conjunto de equações era necessário para descrever o comportamento e o movimento de objetos pequenos.

A física quântica surgiu na década de 1930. Essa nova teoria propôs equações matemáticas sobre como os objetos pequenos se comportam. No entanto, ela não explicava o comportamento dos objetos grandes. Assim, havia então dois conjuntos de equações para descrever todo o movimento do universo. Os físicos não gostaram disso. Eles gostariam de um conjunto de equações simples e claro para descrever tudo – ou o quanto fosse possível. É por isso que muitos físicos teóricos vêm buscando um conjunto de equações claro, chamado de teoria de tudo, que irá explicar a física de tudo no universo, incluindo partículas pequenas, corpos grandes e tudo o que estiver entre eles. Nesse exemplo, "claro" significa "simples" e, em um sentido, "perfeito".

O objetivo de Einstein era desenvolver esse conjunto de equações. Essa também foi a meta do famoso físico teórico Stephen Hawking, bem como de muitos outros físicos e matemáticos do mundo todo. Atualmente, a teoria mais promissora é a teoria das cordas.

Antes de analisarmos a teoria das cordas, vamos retornar nossa atenção ao entrelaçamento quântico por um momento, a fim de observá-lo um pouco mais detalhadamente. Em nosso mundo, temos algo chamado de isolamento espacial. Isso significa que, se você estiver na extremidade de um campo de beisebol, ou seja, no ponto de partida, e seu amigo estiver no centro do campo e você precisar se comunicar com ele, você deve percorrer do ponto A, que é onde você está, até o ponto B, que é onde seu amigo Bob está. Você pode gritar para Bob, e nesse caso a informação viaja em ondas sonoras pelo ar. Ou você pode jogar para ele uma bola de beisebol com uma mensagem escrita. Independentemente da opção que você escolher, deve acontecer uma transmissão de informação, que se deslocará entre os dois pontos. Esse algo, seja matéria ou energia, deve se mover do ponto A para o ponto B.

De acordo com as equações da teoria da relatividade restrita, nada pode ser acelerado até a velocidade da luz, que é cerca de 300 mil quilômetros por segundo. (É interessante que as equações não descartam partículas viajando sempre mais rápido do que a velocidade da luz – partículas hipotéticas chamadas de táquions –, mas isso é outro assunto.) A velocidade da luz é tão rápida que, em um segundo, a luz viaja sete vezes ao redor da Terra. De acordo com as leis da física atuais, essa é a velocidade mais rápida que uma informação pode percorrer do ponto A ao ponto B.

A mecânica quântica altera isso da seguinte forma: foi previsto teoricamente na década de 1930, e depois verificado experimentalmente na década de 1980, que a informação pode ser transmitida do ponto A ao ponto B instantaneamente! Sim, você entendeu certo. Mais rápido do que a velocidade da luz, mais rápido do que uma locomotiva, mais rápido do que a velocidade de um projétil, mais rápido do que o *Superman*! Instantaneamente! E o mais incrível é que as equações da mecânica quântica previram isso. Que tipo de universo permitiria isso?

O nosso.

Deixe-me ilustrar isso com um exemplo: digo ao meu amigo Bob que vou lhe enviar cem caixas lacradas, numeradas de 1 a 100. Tenho um conjunto duplicado de caixas lacradas idênticas, e elas também estão identificadas com números de 1 a 100. Digo a Bob que, quando ele abrir uma de suas caixas, uma luz dentro dela irá brilhar em vermelho ou verde. Posteriormente, explico-lhe que, se nós abrirmos a mesma caixa numerada (por exemplo, a caixa número 12) ao mesmo tempo, as duas irão brilhar na mesma cor. Isso irá acontecer se nós dois abrirmos a mesma caixa numerada.

O que há de tão incomum nisso? As caixas poderiam ter sido pré-programadas para suas respectivas luzes brilharem na mesma cor, vermelho ou verde. Ou alguém poderia ter programado *todas* as caixas para brilharem em vermelho ou verde, ou uma combinação dessas cores. Isso ditaria que, se eu abrisse minha caixa número 67 e Bob abrisse sua caixa número 67, as duas brilhariam na mesma cor, de acordo com suas especificações de programação.

Mas esta é a questão: as caixas *não* são pré-programadas, e, quando a primeira caixa é aberta, o fato de ela brilhar em vermelho ou verde não depende de qualquer fator externo. A cor que brilha é determinada no momento em que a caixa é aberta. Então, abro minha caixa e ela brilha, por exemplo, na cor vermelha. Então, Bob, que está a 1.600 quilômetros de distância, imediatamente abre sua mesma caixa numerada. De acordo com as leis do entrelaçamento quântico, a cor que brilha na caixa de Bob será sempre a mesma cor que acabou de brilhar em minha caixa. A informação em relação à cor que brilhou em minha caixa será instantaneamente transmitida para a caixa dele, independentemente da diferença entre nós.

Em outras palavras, as duas caixas agem como uma, e isso é absolutamente inacreditável!

O que é impressionante para os cientistas, e para todas as pessoas envolvidas, é que o resultado desse experimento – até hoje em nossa história documentada – não dependia do observador. Não importa se Bob ou eu derrubarmos uma bola da Torre Inclinada de Pisa – ela cairá a uma taxa de dez metros/segundo quadrado. Os resultados dos experimentos não dependem do observador. Por que observar um experimento afetaria o resultado? Isso afeta em nosso exemplo, e é isso que é tão louco sobre a mecânica quântica (que governa as leis do entrelaçamento quântico): os resultados dependem do observador, e ninguém sabe exatamente por quê.

Outra forma de observar esse experimento é que as partículas agem como se fossem uma só, apesar de estarem separadas. As partículas podem ser consideradas entrelaçadas. Nosso exemplo utiliza caixas físicas, mas na física nossa equação utiliza certas partículas – partículas entrelaçadas. E, embora possamos gerar partículas assim no laboratório para testar a teoria do entrelaçamento quântico, partículas subatômicas não brilham em vermelho ou verde. Então, qual parâmetro utilizamos?

Todas as partículas giram rapidamente. Elas podem girar no sentido horário ou no sentido anti-horário. Na verdade, elas giram de três formas diferentes em três eixos especiais diferentes, mas, a fim de simplificar, vamos levar em consideração apenas uma forma de rotação. Sendo assim, um fóton, que é uma partícula de luz, pode girar no sentido horário ou no sentido anti-horário em um de seus eixos. Em vez de essas partículas brilharem em vermelho ou verde, elas irão girar no sentido horário ou no sentido anti-horário. Além disso, é importante observar que, embora uma partícula possa girar no sentido horário e no sentido anti-horário, sua taxa sempre permanece a mesma. Ela não pode aumentar, diminuir ou até mesmo parar. (No entanto, podemos ignorar as taxas como uma variável, pois não são um fator relevante para esta discussão.)

É importante saber que nem todas as partículas são partículas entrelaçadas ou têm possibilidade de o serem. Para realizar nosso experimento, devemos utilizar partículas entrelaçadas. Mas como encontrá-las? Vamos utilizar um íon de cálcio carregado, que irá gerar dois fótons quando estiver em um nível de energia inferior. Esses dois fótons estão entrelaçados e permanecerão dessa maneira até se depararem com algo. Sem mencionar os detalhes técnicos, é assim que obtemos duas partículas entrelaçadas.

Se, então, colocarmos um detector de rotação em cada uma delas e observarmos a forma como uma gira e a forma como a outra gira, a rotação deve ser a mesma. Assim como nosso exemplo das caixas, a direção da rotação é determinada quando abrimos a caixa ou, neste caso, quando medimos a rotação da primeira partícula. Como no exemplo das caixas, o observador, neste caso, também afeta a conclusão do experimento, tornando os resultados iguais. Mesmo se separarmos as partículas de forma que elas fiquem o mais distante possível uma da outra (a distância não importa, já que a informação é transmitida ou conhecida instantaneamente), as ações permanecerão as mesmas. Isso foi testado experimentalmente na década de 1980. Os resultados provaram que a teoria do entrelaçamento quântico era válida.

Novamente, sabemos que isso é verdade, mas não sabemos *como* e *por que* é verdade. Como a informação é comunicada entre as partículas? Qual é o processo? E o que isso significa para nós? Essa é a mesma lei que governa a comunicação psíquica entre pessoas, visto que a comunicação ou energia psíquica viaja dessa mesma maneira instantânea? Mas as pessoas não são partículas entrelaçadas (ou são?). Físicos têm demonstrado que, uma vez que os fótons entrelaçados são gerados, assim que eles são contaminados por um evento externo, como se chocar com outra partícula, perdem a propriedade do entrelaçamento.

O que poderia ser entrelaçado na área psíquica? Talvez almas, espíritos ou energia? E a possibilidade de existirem parceiros cármicos ou almas gêmeas, como quer que você os chame? Suponha que duas almas sejam criadas do mesmo campo ou onda de energia. Cada uma tem sua própria consciência e pode encarnar em um corpo humano. No entanto, apesar de cada uma evoluir de maneira diferente da outra, elas são unidas de forma especial em nível energético e possuem comunicação especial.

Essas almas tendem a ser muito semelhantes entre si e, algumas vezes, elas sabem o que a outra pessoa está pensando ou fazendo. Elas podem se comunicar entre si psiquicamente, mesmo quando estão separadas por grandes distâncias, e muitas vezes reagem exatamente da mesma forma no mesmo exato momento. Nosso mundo é dualista e composto por *yin* e *yang*, energias positivas e negativas, gêneros masculino e feminino, mas, subjacente à dualidade, talvez exista uma unicidade que às vezes podemos perceber em um momento fugaz, antes de ela escapar, mais uma vez, de nossa compreensão consciente.

Toda essa ideia de entrelaçamento quântico poderia explicar a existência de fenômenos psíquicos e paranormais, incluindo vodu e outros tipos de magia, que são capazes de afetar objetos e pessoas a distância, imediatamente. O conceito de entrelaçamento quântico também pode fazer parte de uma teoria do campo unificado maior no domínio psíquico, e, como tal, talvez ela pudesse ser chamada de teoria paranormal unificada ou teoria da energia psíquica unificada. Isso explicaria comunicações psíquicas instantâneas, experiências fora do corpo, estados alterados de consciência e outros tipos de fenômenos paranormais, de outra forma inexplicáveis.

Visto que estamos pensando de forma diferente, eu gostaria de apresentar minha própria teoria em relação à natureza do universo e a posição do homem nele. Após a Queda do Homem – que acredito ser o processo da conscientização de Deus perdendo consciência de sua própria natureza –, Deus, a Trindade, estabeleceu um plano para o retorno de todas as almas e anjos caídos, que são uma parte de Deus em si. Essa foi uma decisão consciente, e parte do plano completo do Criador. Isso pode parecer contraditório, mas talvez o homem tivesse de cair para que Deus desenvolvesse consciência de si mesmo. Portanto, este é o objetivo final: cada alma deve se tornar consciente de Deus. Isso significaria que a consciência individual de Deus seria alcançada por cada indivíduo, mas, quando essa consciência individual de Deus retornasse a Ele, ela não perderia sua própria noção de si.

Uma boa analogia (conforme explicou o mestre espiritual indiano Meher Baba enquanto estava vivo) é a de uma gota d'água no oceano. A gota não é reconhecida como uma gota separada até ser separada do oceano. Quando ela é separada do oceano, possui sua própria identidade, mas isso realmente é apenas uma ilusão. O mesmo é verdade para a alma do homem: durante muitas vidas em que evoluímos espiritualmente, desgastamos a bolha até ela se romper e a gota original retornar ao oceano. Mas, *desta vez*, ela está consciente de sua verdadeira identidade e do que era originalmente: uma gota d'água única que agora é uma com o oceano. O que foi alcançado nesse processo? A gota de inconscientização que estava em Deus e Deus em si mesmo se tornam conscientes de que essa é uma gota e parte de Deus. Ela está em Deus, e toda a divindade também está na gota.

Talvez esse seja o objetivo da criação e a magia seja uma técnica para ajudar nesse processo. A magia destrói a bolha que nos faz pensar sermos separados da fonte de todas as coisas. Mas, ao desgastar a bolha e por fim rompê-la, acendendo espiritualmente a níveis superiores, nós, gradualmente, nos tornamos cientes dessa bolha ou véu que nos separa de nossa verdadeira natureza, e então agimos para removê-la. A bolha é nosso ego? Prefiro pensar nela como um véu que nos mantém separados de Deus e que não nos permite enxergar nosso ser ou natureza verdadeiros.

Qualquer método que nos leve à nossa verdadeira identidade, à unicidade com Deus, deve ser simples, universal e o mesmo para todas as épocas, pois todos nós somos gotas do oceano – sempre fomos e sempre seremos. Talvez nossa tarefa seja redespertar, ou redescobrir, o que era a magia para o homem antigo, antes de ela ser corrompida por todas as formas de enganação. Isso é o que acredito que o futuro da magia reserva. Nós ainda não redescobrimos a técnica, método ou ritual antigos ou primários para nos tornarmos um com Deus. Talvez, cada geração de pesquisadores e praticantes de magia chegará mais perto dessa descoberta.

Há um conceito na área de neurofisiologia que explica como pensamos e como criamos um constructo de nosso mundo. Aprendi sobre reconstrução hierárquica em um seminário sobre neurofisiologia avançada do qual participei durante a pós-graduação na Universidade Johns Hopkins, onde, posteriormente, acabei lecionando esse curso. É importante compreender esse conceito porque cada passo que damos na magia, agora e no futuro, requer utilizarmos esse sistema de formação de constructo. Podemos aplicar isso não apenas a nosso mundo físico, mas também ao mundo espiritual e ao mundo mágico. Se você conseguir compreender e se identificar com a reconstrução hierárquica, acredito que isso irá ajudá-lo a se adaptar à magia planetária conforme essa área continua a evoluir e crescer.

Para ajudá-lo a compreender e se identificar com esse conceito, primeiro quero lhe contar um pouco sobre minha experiência com ele. Peço às pessoas que revisam e avaliam minhas pesquisas que tentem observar o que estou apresentando com uma mente aberta, como se estivessem olhando pelos olhos de uma criança. Não traga suas próprias visões, teorias, preconceitos e tendências a esse cenário se conseguir evitar. Infelizmente, isso costuma ser um problema tanto em relação aos acadêmicos quanto em relação aos adeptos da Nova Era: tudo é visto pelo prisma de suas próprias ideias e teorias. Não há problema em determinados momentos, mas, quando você está exposto a algo novo, deve observar com uma nova perspectiva, a fim de analisar o que é dito, e não o que você *acha* que isso quer dizer.

Há mais de dez anos, fundei a Great Pyramid of Giza Research Association.[27] Meu objetivo ao fazer isso foi reunir as melhores mentes do mundo para estudar a Grande Pirâmide e tentar resolver alguns de seus mistérios. Obtive sucesso ao recrutar pessoas que acreditava serem os grandes nomes da egiptologia. Essa foi a boa notícia. A má notícia foi o fato de ser quase impossível trabalharmos juntos como um grupo. A maioria dos acadêmicos não conseguia ver além de suas próprias teorias para assimilar e acessar logicamente novos dados e informações.

Essa não era minha intenção. No entanto, suponho que, quando uma pessoa passa 10 ou 20 anos de sua vida desenvolvendo uma teoria, se surgem novos dados que não se enquadram em sua teoria, ela acha difícil reavaliar ou até mesmo abandonar seu constructo por uma versão aperfeiçoada da verdade. Mas é assim que surge o progresso no mundo científico. A teoria gravitacional de Newton e suas equações funcionavam bem até que novas descobertas foram feitas. Einstein surgiu e mostrou que as equações de Newton funcionavam apenas em alguns casos. Então, Einstein apresentou uma equação mais inclusiva, com sua teoria da relatividade restrita em 1905, e sua teoria da relatividade geral em 1915. Essas equações funcionavam para mais dados, o que as equações de Newton não

---

27. Ver www.gizapyramid.com (acesso em 25 de novembro de 2014).

faziam. Por exemplo, não havia uma forma de modificar as equações de Newton para explicar e representar adequadamente o movimento que é quase próximo à velocidade da luz. Um conjunto de equações totalmente novo usando matemática avançada e conceitos diferentes da física tinha de ser desenvolvido. E realmente foi desenvolvido – por Einstein.

É assim que os cientistas e pesquisadores *deveriam* agir; com flexibilidade e abertura para mudanças. Se não tivéssemos desistido da equação de Newton, não estaríamos no ponto em que estamos na física atualmente e faltaria uma explicação de como o universo realmente funciona.

Muitas vezes podemos envolver o novo no antigo e, nesse ponto, dispor de um conceito mais inclusivo sobre nosso universo. Mas e se muitas peças de uma nova base de dados não puderem ter acesso ao nosso constructo prevalecente? Então, temos um problema. Isso é muito preocupante para nós e, então, temos duas escolhas: uma delas é rejeitar todos os dados novos, o que muitas pessoas fazem (como céticos, por exemplo). Para mim, isso é ter uma mente fechada. Mas muitos deles não param por aí. Além disso, eles precisam desacreditar completamente o pensador alternativo e muitas vezes o fazem atacando-o por meio de artigos, livros e entrevistas na imprensa. É muito triste que eles não consigam manter sua mente aberta para novas possibilidades e que permitam que seu ego saia do controle dessa maneira. Porém, é isso o que acontece, e é uma característica humana muito comum. Espero que isso seja algo que muitos novos pesquisadores superarão.

Meu desejo é que você possa encontrar um novo constructo do cosmos que irá mudar o curso de nossa consciência espiritual e nos aproximar de Deus, a fonte definitiva de tudo.

6
LOCALIZANDO OS REINOS ESPIRITUAIS SUPERIORES

Aparentemente, fomos deixados com um dilema. Assim como discutimos anteriormente neste livro, parece que os videntes nos oferecem mensagens confusas dos reinos angélicos; parece não haver uma verdadeira consistência aqui. Portanto, devemos rejeitar as informações que recebemos e não nos incomodar em tentar nos comunicar com os anjos? Conforme concluí, minha especulação é que os anjos e os reinos angélicos são reais; eles são realidades objetivas.

Então, o que fazer? O que está realmente acontecendo aqui? Anjos diferentes estão transmitindo uma série de mensagens diversas? Ou os videntes estão interpretando errado o que estão escutando? Essas mensagens, primeiramente, entram em nossas auras, que contêm nosso corpo energético, depois são filtradas por nosso intelecto por meio do cérebro e são manifestadas por nossa produção escrita e por nossa fala a respeito delas. Por meio desse processo, elas podem ser distorcidas por causa de todos os níveis pelos quais elas passam; elas devem atravessar os vários filtros físicos, mentais e espirituais de nosso corpo.

Uma boa analogia é a de uma pequena demonstração que foi realizada em uma aula de psicologia da universidade da qual participei. Os alunos estavam sentados em um círculo e alguma informação era sussurrada de um a outro. Quando a informação chegou à última pessoa, ela tinha sido distorcida. Muito foi acrescentado ou modificado, e pontos importantes foram eliminados. Será que isso aconteceria com as transmissões angélicas comunicadas pelos videntes entre nós?

Além disso, a mente subconsciente do vidente poderia atuar na interpretação errada da situação. Algumas pessoas são muito religiosas e, quando recebem mensagens psíquicas, creem que elas vieram de Deus ou dos anjos. Outros acreditam em extraterrestres e, quando recebem a mesma mensagem, creem que elas vieram de extraterrestres. Outros, que acreditam em viagem no tempo, podem pensar que alguém do futuro está tentando entrar em contato com eles. Temos a tendência de interpretar as informações de maneira que elas se adaptam ao constructo de nossas crenças e experiências pessoais.

Conforme discutimos, há, sem dúvida, anjos bons e anjos maus, anjos inteligentes e anjos não inteligentes, e todo tipo de anjos intermediários, portanto as informações que recebemos dependem do tipo de anjo com o qual nos comunicamos. Mas, mesmo analisando as informações que recebemos de anjos supostamente bons e sagrados, ainda assim podemos ter problemas. Basta pensar em John Dee e suas comunicações angélicas, por exemplo. Ele precisou interrogar constantemente os anjos com os quais entrava em contato para verificar se interagiam com anjos bons ou maus. O problema é que os anjos podem ser entidades enganadoras, capazes de iludir o questionador oferecendo informações falsas que os fazem parecer confiáveis quando, na verdade, não o são.

Se eu oferecesse a você uma lista com cem afirmações e dissesse que apenas 50% delas eram verdadeiras, e você não tivesse uma maneira de analisá-las efetivamente, valeria a pena tentar descobrir quais eram verdadeiras e quais eram falsas? Talvez você acredite que conseguiria descobrir, mas, na verdade, com informações limitadas, você não pode. O melhor que você pode, possivelmente, fazer é descobrir algumas delas, que são óbvias. A comunicação com os anjos pode se parecer com isso: não há indícios para informá-lo devidamente de uma maneira adequada.

Com base nesse raciocínio, temos apenas uma escolha, que é desistir das comunicações angélicas. Isso porque as informações recebidas, invariavelmente, não devem ser confiadas e podem gerar mais problemas do que soluções. É só observar o incidente de troca de esposas entre Dee e Kelley. Será que algum dia iremos descobrir o que realmente aconteceu e se os anjos com quem Kelley se comunicou eram anjos bons ou ruins? Será que a comunicação angélica foi meramente um produto do pensamento ilusório e da mente subconsciente de Kelley? Nós nunca saberemos.

Você está me ouvindo direito? Apesar de eu acreditar nos anjos e no reino angélico, estou sugerindo que você ignore toda essa área de investigação. Qual informação alguém já recebeu dos anjos que fosse nova, significante e importante? Para ser honesto, eu não consigo pensar em nenhuma, exceto a transmissão da Magia Enochiana a John Dee e Edward Kelley, no século XVI. O resto é só palha – poeira no vento.

Então, o que devemos fazer? Acredito que devemos viajar *além* dos anjos para buscar sabedoria – para buscar informação e desenvolvimento espiritual. Precisamos desviar e viajar para os reinos espirituais superiores, onde essa inconsistência e essa confusão não existam. Mas onde ficam esses reinos e como podemos alcançá-los? Alguém já esteve lá e pode nos contar a respeito disso? Acredito que a resposta seja sim.

Místicos verdadeiros, ao longo dos tempos, estiveram nesse lugar. Esses místicos incluem São João da Cruz, Santa Teresa de Ávila, Hildegarda de Bingen, o místico sufi Rumi, bem como muitos outros místicos e pesquisadores de diferentes religiões e nacionalidades, de várias eras na história documentada da Terra.[28,29] Apesar de a história de suas vidas ter sido escrita por muitos, o que estamos buscando é sua história espiritual. Queremos saber o que eles vivenciaram internamente, e buscamos seu aconselhamento enquanto tentamos ascender àquele lugar acima dos anjos, mais perto de Deus, mais perto da verdade.

Muitos desses místicos escreveram seus relatos espirituais de maneira poética e/ou enigmática para transmitir melhor o que

---

28. Lewis, *The Complete Works of St. John of the Cross*.
29. Kavanaugh, *The Collected Works of St. Teresa of Avila*.

vivenciaram em um momento místico. Isso pode se aproximar do que eles testemunharam, mas, sem dúvida, essa forma de expressão invariavelmente fica aquém da totalidade da experiência. O místico sufi Rumi expressou seus estados transcendentais pela poesia.

São João da Cruz, místico espanhol e sacerdote carmelita nascido em 1542, também utilizou a poesia para expressar os reinos espirituais dos quais ele teve conhecimento. *Chama Viva de Amor* é um bom exemplo de seu amor a Deus, assim como seu tratado espiritual *A Noite Escura da Alma*. Admiro São João da Cruz, especialmente porque ele foi um místico ocidental mais próximo de nossa cultura e de nossa época. Fiz parte da Ordem Terceira do Carmo por quase dez anos e ensinei sobre a espiritualidade de São João da Cruz para os iniciantes nessa ordem. Tenho quase todos os livros escritos sobre São João da Cruz, bem como comentários sobre ele publicados nos últimos 200 anos, em inglês. Também tenho a primeira edição, em inglês, de suas principais obras. (Também escrevi algumas poesias sobre minhas experiências místicas; elas podem ser encontradas no apêndice. Espero que elas lhe sejam úteis.)

Percorrer o caminho místico é viajar para um lugar acima de onde os anjos residem. Isso significa que a pessoa viaja diretamente até Deus, sem a intercessão de anjos e seres espirituais. No entanto, quando digo isso, não quero dar a entender que os anjos não sejam necessários e que o reino angélico exista apenas para nos confundir. Há muitos anjos sagrados que nos ajudam e desempenham um papel importante em nosso desenvolvimento espiritual. Você poderia dizer que eles são como ponteiros, indicando-nos em direção a Deus, mas chega um momento em que precisam ser abandonados, pois conseguimos ir mais alto sem eles. Algumas religiões e técnicas da Nova Era funcionam assim. Elas são como ponteiros em nosso caminho espiritual, e não servem para ser adoradas em si, mas sim para indicar o caminho a fim de que continuemos em nossa odisseia espiritual, sozinhos. Pois somente estando sozinho é possível realmente encontrar Deus. Apenas estando sozinho é possível ir além dos anjos, diretamente à fonte de tudo o que existe.

Onde fica esse mundo ou reino além dos anjos? Ao responder a essa questão, vamos retornar ao mundo da física, e, ao fazê-lo, irei tratar de uma teoria científica relativamente nova: a teoria das cordas, que surgiu na década de 1970 para tentar explicar certos fenômenos que não podiam ser explicados pela física quântica, pela teoria da relatividade geral ou por outros modelos científicos. Basicamente, a teoria das cordas tenta explicar inconsistências no comportamento de partículas fundamentais. Além disso, tenta explicar o comportamento e a origem de toda matéria e energia do universo. Portanto, poderia ser uma "teoria de tudo", se comprovada.

Nós discutimos alguns desses conceitos científicos em um capítulo anterior, mas vamos revisá-los aqui. Atualmente, na física, temos dois conjuntos de equações. Um, a teoria da relatividade proposta por Einstein, explica as leis da física que governam corpos muito grandes, como planetas, sóis e galáxias. O outro, a mecânica quântica, explica as leis que governam substâncias muito pequenas, como átomos, partículas subâtomicas, elétrons e fótons. A teoria da relatividade não consegue explicar as substâncias muito pequenas, e a mecânica quântica não consegue explicar os corpos muito grandes. A teoria das cordas tenta explicar ambos com um conjunto de equações.

Vamos aprender um pouco sobre física de partículas. Vamos começar por um átomo e nos aprofundar para descobrir do que ele é composto. Em determinada época, os físicos pensavam que os átomos eram as menores partículas existentes, mas agora eles sabem que isso não é verdade. Os átomos são compostos de um núcleo; prótons e nêutrons estão dentro desse núcleo. Orbitando o núcleo estão os elétrons. Um átomo é como um pequeno sistema solar com um sol em seu centro. (Essa explicação foi simplificada, pois a localização dos elétrons é como uma nuvem de probabilidade, mas, para o propósito de nossa discussão, não precisamos nos aprofundar no tema.)

Os prótons e os nêutrons são compostos de partículas ainda menores, chamadas de quarks. Há, na verdade, dois tipos de quarks, chamados de quarks up e quarks down. De certo modo, as menores partículas em que podemos subdividir são quarks up, quarks down e elétrons. Há algo do qual *essas* partículas são compostas?

A pergunta é: qual é a menor partícula que podemos encontrar? Existe *uma* partícula que seja o bloco de construção fundamental de toda matéria e energia? É aí que surge a teoria das cordas. Ela afirma que *toda* matéria e energia são compostas de cordas unidimensionais muito pequenas, vibrando e oscilando, que são do tamanho do comprimento de Planck (10^{-35} m).[30] "Unidimensionais" significa que elas não têm uma superfície, apenas comprimento, sem largura. São tão pequenas que ninguém jamais conseguiu vê-las. Como sua existência não é comprovada, permanecem como um constructo teórico.

O ponto principal da teoria das cordas é que essas cordas oscilam, e a teoria sugere que cordas diferentes vibram em frequências diferentes. É postulado que a frequência da corda determinará qual partícula ou energia ela forma. Pense em um violino como exemplo. Se uma corda vibrar em determinada frequência, ela produz a nota dó. Outra frequência ou taxa de vibração produzirá uma nota diferente, por exemplo sol ou si. Portanto, cada nota produzida é como uma partícula diferente que é formada dependendo da taxa vibracional da corda do violino ou da frequência da pequena corda.

Assim, a teoria supõe que as cordas podem produzir toda matéria e energia em nosso universo, dependendo da taxa vibracional das cordas que são tocadas. Na verdade, alguns cientistas acreditam que o número de frequências vibracionais poderia ser infinito. Assim como notas diferentes podem se juntar para produzir diferentes acordes, harmonias e canções, as cordas podem produzir toda matéria e energia no universo da mesma forma: juntando-se a diferentes taxas de vibração.

Até aqui, tudo bem. Mas o que a matemática diz a esse respeito? Para que uma teoria seja considerada válida por físicos e matemáticos, deve haver um conjunto de equações funcional que descreva o comportamento das partículas ou energia que ela tenta

---

30. O comprimento de Planck é uma unidade fundamental em um sistema constituído de unidades de Planck e é derivado de três constantes: a velocidade da luz em um vácuo, a constante gravitacional e a constante de Planck. Físicos e outros cientistas o utilizam para simplificar equações complicadas.

definir. Neste ponto, as coisas começam a ficar interessantes. As equações da teoria das cordas exigem algo extra para funcionarem. Elas requerem a existência real e verdadeira de dimensões espaciais extras em nosso universo. O quê? Isso parece ficção científica!

O que queremos dizer com dimensões espaciais extras? A maioria de nós sabe que em nosso mundo físico normal existem três dimensões espaciais que podemos perceber. Elas são: comprimento, largura e altura. Nós também temos uma dimensão temporal, que chamamos de tempo. Para que a teoria das cordas funcione, ou seja, explique o comportamento de nosso universo, precisamos postular a existência de sete dimensões espaciais adicionais, incluindo a dimensão do tempo, totalizando 11 dimensões (três espaciais + sete espaciais adicionais + uma temporal = 11), ao contrário de nossa visão atual de quatro dimensões (três espaciais + uma temporal = quatro dimensões).

Há duas partículas subatômicas que quero discutir nessa conjuntura. Elas são chamadas de férmions ou bósons. De acordo com os princípios da teoria das cordas, os férmions precisam de dez dimensões para existir e os bósons precisam de 26 dimensões. Foi descoberto que as ondas vibratórias dos férmions transitam no sentido horário, em dez dimensões, e as ondas vibratórias dos bósons transitam no sentido anti-horário, em 26 dimensões. Esse é um dos aspectos mais incomuns sobre a teoria das cordas e também um dos menos compreendidos. (Para os leitores interessados em aprender mais sobre esse assunto, tudo isso é explicado de maneira complementar pela teoria matemática das funções modulares.)

Não importa quantas dimensões extras possam existir, precisamos saber onde elas estão localizadas. É proposto que essas dimensões espaciais extras sejam tão pequenas que, na verdade, são intermediárias e estão ocultas em nossas três dimensões espaciais. Elas estão contidas em espaços extremamente pequenos em nosso mundo tridimensional, que pode ser comparado com a ponta de um *iceberg*, com dimensões especiais adicionais abaixo da superfície. Por não percebermos essas dimensões adicionais com nossos sentidos, temos uma imagem muito incompleta da realidade.

Sei o que você está pensando. Será que essas dimensões ocultas seriam a localização da vida após a morte, do mundo dos anjos e demônios, dos alienígenas, dos viajantes no tempo e de outras criaturas e formas de vida desconhecidas? Todos esses mundos estão interconectados? Se sim, isso ajudaria a explicar como os fenômenos psíquicos funcionam e como a energia psíquica viaja mais rápido do que a velocidade da luz. Será que essas dimensões extras ocultas explicariam comunicações instantâneas entre partículas, o que, como sabemos, ocorre no entrelaçamento quântico? Acredito que sim.

Creio que as cordas sejam a energia de Deus – a primeira matéria e energia manifestada de Deus. Portanto, tudo no universo é vida – tudo é composto de cordas, que são a vida de Deus –, o espírito, o alento, a essência. Assim, elas são os blocos de construção do universo, formando tanto matéria quanto energia. Isso não é tão diferente da filosofia de muitas religiões orientais, que supõem que somos todos essencialmente um e provenientes da mesma fonte. Em nossa composição básica, todos nós temos a centelha ou energia divina; a centelha da vida!

Em relação a isso, tive algumas ideias interessantes. Elas são apenas especulações. As sete dimensões espaciais extras poderiam ser a localização dos setes céus sobre os quais Enoch falou? Por essas dimensões estarem envoltas dentro de nossas três dimensões, elas estão bem aqui; estão dentro de nós o tempo todo. Elas não estão bem alto no espaço ou dentro da Terra, mas sim à nossa volta, dentro de nós. Talvez seja por isso que anjos e outros seres podem aparecer para nós instantaneamente, bem diante de nossos olhos, e, quando o fazem, parecem surgir do nada.

E quanto a óvnis e alienígenas? Todas as pessoas parecem supor que eles pertencem a outros sistemas solares ou galáxias – extraterrestres de lugares distantes do espaço. Mas e se "extraterrestre", na verdade, significar "extradimensional"? Ou seja, residir ou existir em uma dessas dimensões ocultas? Isso explicaria por que os óvnis podem desafiar as leis da física e aparecer e desaparecer tão rapidamente. Eles também parecem viajar a velocidades mais rápidas do que a velocidade da luz e se mover de maneiras que desafiam as leis da física.

De qualquer maneira, por favor, tenha em mente que essas dimensões extras são muito pequenas e compactas, e estão bem envoltas – portanto, não conseguimos vê-las. Talvez, avanços tecnológicos e científicos futuros nos permitirão vê-las e explorá-las cientificamente, mas, por enquanto, pode ser que a única forma de acessá-las e explorá-las seja de maneira psíquica e metafísica. Talvez a magia seja uma das formas que nos permitam acesso a esses mundos. Se soubermos a chave, talvez conseguiremos acessar esses mundos misteriosos, como fez Enoch.

Em todo caso, essa área de especulação introduz um conceito totalmente novo de realidade para nós. Essas dimensões extras e a forma como a teoria das cordas funciona poderiam explicar como esses mundos espirituais/angélicos/alienígenas podem existir. Espera-se que pesquisas futuras desvendem mais desses segredos.

Nos dois capítulos seguintes, fornecerei as ferramentas e técnicas de magia e misticismo necessárias para obter acesso ao reino além dos anjos, a fim de que você acesse essas dimensões, até o momento, ocultas.

7

MISTICISMO ALÉM DO MUNDO ANGÉLICO

Às vezes me autodenomino um místico; às vezes me autodenomino um mago. Qual é a diferença? O místico tenta se conectar ou se unir ao poder de Deus de forma mais passiva que ativa. Ele aguarda, pacientemente, que Deus apareça ou esteja presente em seu ser interior. Ele pode se preparar para isso por meio da renúncia, tanto física quanto espiritual, ou por meio do silêncio, da oração, do jejum e da meditação, ou por alguma combinação desses elementos. Ao acessar Deus utilizando esses meios, a pessoa não tenta manipulá-lo. Ela aguarda Sua graça para elevá-la com amor divino. Uma graça é recebida por alguém quando Deus quer, e não quando a pessoa quer.

A magia, por outro lado, não é passiva, mas sim ativa. A magia é a vontade intencional de uma pessoa de controlar ou manipular uma condição ou circunstância física ou espiritual. O mago tenta alterar sua consciência ou elevá-la ativamente a um estado diferente, sem ter de aguardar Deus ou Sua graça. O uso da magia é desenvolvido para realizar os desejos ou as intenções de uma pessoa. Fundamentalmente, o mago praticante deseja conhecimento e poder de Deus.

Uma modalidade é melhor do que a outra?

Sem dúvida, eu poderia escrever um livro inteiro apenas sobre essa questão; no entanto, provavelmente seria incapaz de realmente respondê-la. Eu, pessoalmente, acredito que o místico vive em um estado mais elevado e responde a chamados mais elevados do que o mago, que, muitas vezes, trabalha para controlar ou manipular energia espiritual usando o poder do ritual.

Há muitos tipos de rituais, e muitas técnicas e grupos mágicos diferentes que podem realizá-los. Alguns desses grupos usam um vasto aparato de instrumentos e acessórios – como roupas, incenso, velas e instrumentos mágicos – para dominar e controlar as energias espirituais do universo. Algumas vezes os instrumentos da coleção de um mago podem ser muito complicados. Toda essa parafernália é realmente necessária? Acredito que não; no entanto, creio que existe outra forma de se conectar com as forças espirituais e atraí-las.

O procedimento envolve pronunciar os vários nomes de Deus ou dos anjos. Muitos magos usam encantamentos e palavras mágicas incomuns para tentar manipular e controlar os espíritos e os anjos – tanto bons quanto maus. Isso é ilustrado na Bíblia. Para controlar os espíritos maus ou expulsá-los, como era feito na época de Jesus, uma pessoa tinha de saber o nome deles. (É por isso que os exorcistas sempre tentam determinar o nome da entidade que está possuindo uma pessoa.) Outro exemplo bíblico surge quando Jacó perguntou ao espírito com o qual lutava qual era seu nome, a fim de derrotá-lo. (A propósito, tentar invocar um espírito mau e impeli-lo a cumprir uma ordem sua é chamado de Goétia – o que, em minha opinião, é uma forma de magia negra.)

Os nomes ressoam como sons, que são formados por vibrações e ressonâncias. O som é, portanto, um aspecto essencial da magia. Considerando isso, na prática da magia branca, especialmente da Magia Enochiana, a ressonância dos nomes de Deus é considerada como mantras. Se, ao recitar um mantra (um nome), você conseguir produzir uma ressonância semelhante àquela do ser espiritual que você quer contatar ou controlar, terá poder sobre ele, e talvez consiga controlar sua vontade.

Esse fenômeno é semelhante ao funcionamento de um diapasão. Se uma pessoa tem dois diapasões no mesmo tom e golpeia um deles, colocando-o perto do outro, o segundo irá começar a vibrar na mesma frequência. De maneira semelhante, entoar o nome de um deus ou um anjo invocará essa entidade, porque ela é atraída por sua própria frequência. Se um mago conseguir atrair uma entidade espiritual, ele pode pedir informação e poder a essa entidade. Essa é minha opinião em relação à maneira como a magia angélica funciona.

Como acredito que o misticismo é uma forma mais poderosa de conseguir se unir com o divino, em minha opinião o foco deveria ser esse. Mas isso significa que um indivíduo deve ignorar a magia ou não usá-la? É nesse ponto que minha abordagem é completamente diferente da abordagem que outros possam utilizar. A maioria das pessoas segue um caminho ou outro – ou seja, ou você é um mago ou um místico. Quantos místicos praticam magia? Não muitos. Quantos magos se consideram místicos e seguem um caminho místico? Não muitos, se houver algum.

Acredito que é possível uma pessoa ser tanto um mago quanto um místico e, ao fazer isso, dispor de uma sensação de poder mais intensificada. Parte de minha intenção ao escrever este livro é discutir essa nova área de atuação híbrida, que denomino de Misticismo Mágico (MM), e sua técnica associada: a Meditação Mística Mágica (MMM). (Eu também a chamo de Magia do Poder.) Ao realizar essa nova técnica, embarcaremos em um método inovador de desenvolvimento espiritual, sintetizando duas modalidades aparentemente diferentes.

Esses dois caminhos eram, originalmente, um só caminho em tempos antigos, mas eles foram separados. Isso acontece, frequentemente, com muitas crenças religiosas quando novos desdobramentos filosóficos ocasionam cismas. Acredito que essa combinação de magia e misticismo representava o caminho espiritual original que Deus nos reservou. Adão e Eva, inicialmente, estavam em paz com Deus; estavam, de certo modo, em uma união mística com Ele. Após a Queda, eles não estavam mais nesse estado de unicidade. Desde aquela época, o homem tem tentado entrar novamente nesse estado manipulando Deus e seu entorno – de certa forma, praticando magia.

No entanto, magia não significa apenas a prática de manipulação espiritual e angélica utilizando nossa vontade. Também é possível praticar magia em um sentido prático, aprendendo como controlar e utilizar os recursos à nossa disposição, para alcançar nossos objetivos de vida. Fazemos isso diariamente em nossas tentativas de ganhar dinheiro, ter sucesso no trabalho e na vida pessoal e garantir prestígio e *status*.

Acredito que a magia seja metade desse processo, mas não sua totalidade. A outra metade é constituída por nossa peregrinação no caminho místico. Essa técnica ou método espiritual híbrido composto de magia e meditação envolve tanto um processo passivo quanto ativo. Nós, de fato, realizamos o processo ativo primeiro e, em seguida, deixamos o processo passivo assumir. A primeira parte do processo, que envolve magia, controlamos ou manipulamos com nossa vontade. A segunda parte não conseguimos controlar.

Talvez uma boa analogia seja preparar uma armadilha para capturar um rato. Podemos comprar a ratoeira, pegar o queijo, preparar a armadilha, colocá-la no lugar certo e então *esperar* que o rato apareça e tente pegar o queijo. Não podemos controlar essa segunda parte do procedimento, no entanto, a segunda parte nunca irá acontecer se não fizermos a primeira parte corretamente. Muitas pessoas acreditam que, se suas intenções são boas, elas obterão resultado. Isso não é bem verdade na magia. Se você tem boas intenções de capturar um rato, mas não colocar nada na ratoeira ou não colocá-la no lugar certo, você pode ter todas as melhores intenções do mundo (em relação a capturar o rato), mas não terá sorte. Se você não colocar uma isca ou pôr a ratoeira em uma prateleira que o rato não consegue acessar, não irá capturá-lo. Você precisa realizar a parte ativa corretamente para conseguir fazer com que a parte passiva do processo funcione.

Agora vou dizer algo que parece contraditório: você, de fato, tem um papel um pouco ativo no processo passivo. Deixe-me ilustrar como isso acontece continuando com nosso exemplo. Foi colocada uma isca corretamente na ratoeira. A ratoeira foi preparada e colocada em uma boa localização, onde você acredita que o rato possa estar – por exemplo, atrás da geladeira. Você precisa esperar, mas ainda tem um papel a desempenhar: você deve ter certeza de que as luzes estejam apagadas quando for se deitar e, além disso, não pode fazer barulho na área onde quer capturar o rato. Embora isso possa não parecer um processo ativo, na verdade é: você tem de ter certeza de que o ambiente está preparado corretamente e, se não estiver, precisa prepará-lo.

Há outro ponto que preciso mencionar, porque ele tem impacto sobre isso. Muitos praticantes alternativos ou adeptos da Nova Era, como são chamados, podem associar o misticismo com a igreja, sobre a qual eles podem ter sentimentos negativos. Talvez eles tiveram uma experiência ruim na igreja quando jovens, ou seus pais os forçaram a frequentar uma escola religiosa. No passado, se uma pessoa se tornasse um místico, era necessário dedicar a maior parte de seu tempo para seguir esse caminho místico. Portanto, quem tinha tempo disponível era mais apto a se sentir atraído por esse estilo de vida. Mesmo hoje em dia, muitas pessoas que trilham o caminho místico são mais velhas e dispõem de muito tempo para utilizar em buscas espirituais. Em sua maturidade, elas podem ter percebido o que é importante na vida e, constantemente, dão prioridade a encontrar Deus. Não me entenda errado: não é preciso ser mais velho para enveredar por um caminho espiritual. Dedique tempo ainda jovem, pois você poderá fazer mais progresso posteriormente se iniciar sua jornada espiritual ainda cedo. Eu a iniciei quando era pequeno.

Vamos retornar: realizamos a primeira parte do processo, a parte mágica. Com isso, contornamos os Éteres para alcançar níveis superiores que estão além dos Éteres e mais perto de Deus. (Iremos apresentar essa técnica no próximo capítulo.) O processo místico entra nesse ponto. E depois? Nada.

Nada?

Nada. Você basicamente não faz nada. Você espera. Você espera Deus ir até você. Esse momento às vezes é chamado de A Noite Escura da Alma. Você deixou um território conhecido e está prestes a embarcar em uma grande aventura espiritual. Seu principal objetivo consiste em uma união com Deus, mas você não consegue chegar lá seguindo sua vontade. Você precisa ser paciente e esperar Deus elevá-lo, assim como Ele fez com Enoch quando o levou ao céu.

Qual conselho posso lhe dar enquanto você está nesse estado passivo de espera paciente? Na verdade, não há orientações definidas, mas posso sugerir algumas coisas. Você pode refletir sobre quem você está esperando. Você pode fazer isso se sair para jantar e estiver esperando um velho amigo se juntar a você na mesa. Você pode refletir sobre suas experiências juntos e sobre como você se sente a respeito dessa pessoa. Esperar Deus é semelhante a isso. Pense sobre o amor de Deus, sobre Sua presença em sua vida, sobre como você pode ter deixado tudo por Ele.

Embora você possa refletir sobre Deus e Sua presença em sua vida, o que você não quer fazer é pensar *muito* enquanto estiver em um estado de quietude. Se seus pensamentos começarem a acelerar, esta é uma visualização que pode ajudá-lo a recuperar sua tranquilidade interior: pense que você é um bebê nos braços de sua mãe, banhando-se em seu amor e sua presença. Imagine sua alma se misturando com a dela. Ou pense em cenas que transmitam paz, como ondas batendo na praia ou um falcão sobrevoando bem alto no céu.

Se você ainda tiver dificuldade em se manter no estado de espírito ideal, tente ler um relato místico ou algo de São João da Cruz. Suas palavras irão inspirá-lo e podem lhe oferecer algumas ideias sobre a melhor forma de se preparar para vivenciar esse estado além dos anjos. Lembre-se de que isso é um direito inato, pois o misticismo é tão antigo quanto o próprio homem.

Como todo homem e toda mulher possuem uma centelha de Deus em seu interior, o primeiro homem ou mulher também teria o desejo de "retornar para casa", de se unir com Deus. Quando esse sentimento ocorre, surge o misticismo. De certo modo, é nossa forma de religião mais antiga. Sua essência é a indução de um estado de consciência transcendente no indivíduo, que não é nada parecido com os estados neurofisiológicos ou psicológicos atuais. Nesse estado, a consciência da pessoa se funde com a consciência de Deus. Eu também devo dizer que a experiência mística não é uma experiência teórica, mas sim transformadora. É algo a ser vivido, e não estudado.

Pessoas que a vivenciaram têm tentando descrevê-la de muitas formas diferentes, mas o ponto principal é que ela é indescritível. Está além das limitações das palavras, da poesia e da arte capturar adequadamente sua natureza. Algumas sensações comuns quando se está nesse estado místico incluem sentimentos de intensa alegria, felicidade, unicidade, realização, sabedoria, amor por todos, amor por Deus, paz, contentamento e êxtase. É uma união com a Luz de Deus que produz esses sentimentos, pois Deus é a essência do amor. Nessa união com a Luz de Deus, estamos simplesmente "mergulhando" em Deus, estamos realmente vivenciando apenas a superfície do que é Deus, mas essa é uma experiência muito intensa por si só.

Acredito que seja seguro dizer que ninguém é mais o mesmo após uma experiência mística. O indivíduo agora enxerga o mundo sob uma luz diferente, com uma nova noção e uma consciência expandida. Se antes da experiência ele era cético e acreditava que sua experiência era derivada apenas de sua imaginação, após uma experiência mística real, ele pode se tornar um crente, e, como tal, ninguém conseguirá convencê-lo de que a experiência foi imaginada. De fato, ele vai querer vivenciar essa sensação novamente. Esse estado transcendente, embora possa ser breve, é talvez o estado mais elevado que alguém possa alcançar nesta vida.

Outra perspectiva sobre isso é que, agora que você está parcialmente desperto, a existência anterior à experiência pode ser comparada a um sonho. Essa experiência mística é mais real do que a própria vida. São Tomás de Aquino foi um dos escritores espirituais e teólogos mais sábios e conhecedores que já existiu. Segundo ele, após sua primeira experiência mística, todo o resto deixou de ter valor. Todos os seus anos de estudo e aprendizado baseados em livros não eram nada se comparados com alguns segundos de transcendência mística. Ler um relato de uma experiência mística não é o mesmo que vivenciá-la pessoalmente. Alguém que nunca esteve apaixonado pode escrever sobre isso, mas, a menos que tenha vivenciado esse estado por si mesmo, nunca irá realmente entendê-lo.

Outra característica interessante da experiência mística é que ela, normalmente, se torna a coisa mais importante na vida da pessoa, algo que ela se esforça para repetir. Tentativas futuras de alcançar o estado místico novamente não são parciais ou sem convicção, e representam uma virada completa da pessoa em direção a Deus.

É preciso ter dons e habilidades especiais para se tornar um místico e vivenciar uma experiência mística? A resposta é não. Todos estão destinados a ter essa experiência de uma união total com Deus. Alguns irão alcançá-la mais rápido do que outros, mas isso é irrelevante. Conforme dito anteriormente, nascemos com a centelha divina dentro de nós, e não estaremos completos ou finalizaremos nossa jornada espiritual até realizarmos uma união com Deus. Existem muitos níveis dessa experiência, talvez um número infinito. Algumas pessoas, quando estão apenas começando a prática, podem ter uma leve sensação dessa união, enquanto outras podem ter uma noção mais intensa. O objetivo principal, como dissemos anteriormente, é alcançar uma união completa com Deus.

A Meditação Mística Mágica permite alcançarmos nosso objetivo de nos unir a Deus e encontrá-lo – assim como a paz – interiormente. Após praticar a meditação, você pode, de fato, sentir uma calma interior e uma tranquilidade espiritual ao retomar as tarefas cotidianas. Você pode, até mesmo, perceber que está se distanciando um pouco das atividades diárias ao iniciar um processo de renúncia – inicialmente de natureza física e, posteriormente, de natureza espiritual. Essa renúncia permitirá que você se distancie do mundo físico, continuando, gradativamente, a sintonizar sua atenção e sensibilidade para o interior, em direção a Deus e a uma união mais profunda com Ele.

Você pode dizer que isso tudo parece muito simples. Bem, conforme discutimos anteriormente neste livro, algumas das principais equações da física são simples. E elas são engenhosas também. Nossa busca por Deus deve ser assim. Pense a respeito disso. Se Deus realmente quer que nós O encontremos, por que Ele tornaria isso difícil? O problema da humanidade, desde tempos antigos, é tomar um caminho simples e complicá-lo com ornamentos e modificações.

A Meditação Mística Mágica é um caminho simples e engenhoso em direção a Deus e uma abordagem que acredito que possa funcionar para muitas pessoas. Porém, certifique-se de que está preparando a ratoeira adequadamente e realize os passos seguintes corretamente. Em nosso próximo capítulo, irei detalhar os passos específicos necessários a fim de iniciar o estágio mágico e ativo de nossa meditação e, então, o modo passivo, conforme você começa sua jornada ao alto, em direção a uma união mística com Deus.

8

A TÉCNICA DA MAGIA DO PODER

No último capítulo, falamos a respeito da Meditação Mística Mágica (que também chamo de Magia do Poder), que, se praticada corretamente, irá levá-lo além do reino dos anjos, diretamente a Deus. Talvez você tenha adquirido este livro a fim de aprender como fazer. Você busca uma técnica prática que lhe proporcionará uma experiência mística ou metafísica. Eu compreendo. Muitos livros oferecem teorias, história e/ou explicações sobre magia, mas poucos apresentam uma forma pragmática de aplicar as teorias – ou, no mínimo, uma forma que funcione. Nos livros que escrevi sobre magia, sempre tentei apresentar teorias funcionais. Na verdade, acredito ter sido o primeiro a descrever um método de magia na forma de uma meditação simples, que funciona para muitas pessoas.

Antes de apresentar a Meditação Mística Mágica, eu gostaria, primeiro, de lhe oferecer alguns conselhos e orientações gerais. Inicialmente, você precisa estar no estado de espírito adequado, pois isso facilitará o processo. Alguns podem querer acender velas, queimar incenso, ler algumas orações ou escrituras, praticar respiração profunda ou simplesmente se sentar e relaxar por alguns minutos para que sua mente se acalme. Algo que sempre enfatizei é que não se deve utilizar nenhum álcool ou drogas ao realizar esses rituais. Na verdade, não se deve utilizá-los em nenhuma prática oculta. Tenho dito isso repetidamente. No entanto, infelizmente, alguns grupos mágicos importantes ainda incorporam esses elementos em seus rituais. Sempre acreditei, e ainda acredito, que álcool e drogas de uso recreativo o afastam do caminho espiritual e o levam à direção oposta. Eles proporcionam uma experiência, mas a experiência *errada*.

Por minha experiência, acredito que pessoas que usam álcool e drogas em rituais mágicos (incluindo também rituais sexuais) não conseguem alcançar completamente um estado místico. Normalmente também não acho que as pessoas que usam álcool e drogas em ritos mágicos são espiritualizadas ou amáveis. Na verdade, elas geralmente são egoístas e individualistas e acreditam possuir informação e conhecimento que mais ninguém tem. Sempre questionei se esses grupos têm uma técnica especial ou secreta que realmente funciona, por meio da qual eles podem controlar e manipular a natureza e submeter as práticas do mundo à sua vontade, então por que eles mesmos não são prósperos e onipotentes? Os rituais mágicos envolvendo álcool e drogas não estão nem um pouco relacionados aos rituais ensinados pelo dr. John Dee, por Henrique Cornélio Agrippa ou por qualquer outro mestre renascentista ou por místicos antigos, como São João da Cruz ou Santa Teresa de Ávila.

Portanto, nada de drogas, bebidas ou sexo – pelo menos não em rituais mágicos.

Também devo afirmar que a Meditação Mística Mágica pode não ser para todos, então, por favor, use seu próprio julgamento, siga sua intuição e decida se ela é apropriada ou não para você. Quem pratica essa meditação deve ter uma mente estável e não ter problemas psicológicos relevantes. Caso tenha, esses problemas devem ser tratados com a ajuda de um profissional médico licenciado. Além disso, devo afirmar que eu, o autor, e os editores deste livro não nos responsabilizamos pelos resultados decorrentes deste ritual. Acredito que a Magia do Poder seja uma prática segura e não a recomendaria se acreditasse que ela pudesse ser prejudicial ou perigosa, mas estamos delineando um terreno novo aqui e não possuo todas as respostas.

Para aqueles que querem praticar a meditação anterior que desenvolvi, na qual é possível visitar os 30 Éteres, e não contorná-los, por favor, consulte meus outros livros, *The Lost Art of Enochian Magic* e/ou *Decoding the Enochian Secrets*. Nesses livros, apresento em detalhes e na íntegra a técnica de meditação básica. O primeiro livro acompanha um CD com a técnica.[31] Note que não é necessário realizar a meditação básica apresentada nesses outros livros a fim de praticar a Meditação Mística Mágica que irei descrever a seguir. Ela é independente.

A Meditação Mística Mágica é baseada na premissa de que os reinos celestes são compostos por 30 Éteres, ou Ares, entre nosso mundo físico e os céus superiores de Deus. Em meus livros anteriores, apresentei a técnica para acessar cada um desses 30 Éteres separadamente, utilizando 30 Chamados Enochianos. Nesta nova técnica, que acredito ser mais poderosa, você receberá apenas *um* chamado que lhe permitirá contornar todos os 30 Éteres e ir além deles, a fim de alcançar Deus mais rapidamente e mais diretamente. Isso irá colocá-lo em um lugar de extrema paz e tranquilidade, o lugar que os místicos descrevem.

Quando você entrar nessa área além da Terra e dos reinos angélicos, descobrirá que todo o ruído físico e espiritual foi deixado para trás. Você entrará em um local de quietude intensa e profunda. Não há nada lá. Alguns dos sentimentos que você pode experimentar nesse ponto refletem uma calmaria pura e profunda. Não há movimento – tudo é escuro e silencioso. Você está no marco zero, o ponto central de seu ser, onde encontrará amor e paz, sem estresse e sem ansiedade. O tempo parece parar, e você parece flutuar no espaço; não existem fronteiras. Você pode sentir como se não quisesse partir, pois é muito calmo, quieto e pacífico onde você está. Aqui, nesse lugar de grande tranquilidade para além dos anjos, quero que você permaneça em silêncio e desfrute da paz e do vazio. Você pode sentir a Luz de Deus emanar dentro de si ao começar a se esvaziar de tudo que é superficial e se abrir para a presença d'Ele.

Nesse ponto, não quero revelar muito mais sobre o que você encontrará lá, pois cada um é diferente e terá experiências diferentes. Prefiro que as coisas aconteçam para você espontaneamente, sem ser influenciado pelo poder da sugestão. O ponto principal é que você está em um lugar além dos mundos físico e espiritual; eles estão abaixo de você. Acima está o céu, que ainda não se abriu totalmente a você.

---

31. DeSalvo, *The Lost Art of Enochian Magic*.

Aqueles que experimentaram minha técnica ou meditação anterior acharão essa prática muito semelhante, exceto em relação ao Chamado Enochiano em si. Aqui utilizaremos um Chamado, e não iremos entrar em nenhum Éter ou invocar nenhum anjo.

Em meus livros anteriores, para acessar um dos 30 Éteres é preciso recitar o Chamado Enochiano específico para esse Éter. Cada Éter tem seu próprio chamado. Os Chamados para cada um dos 30 Éteres são muito semelhantes, e, na verdade, apenas uma palavra muda em todo o chamado para cada Éter. Essa é a terceira palavra do chamado, e essa palavra é específica para este Éter em particular. Por exemplo, se você quer acessar o 30º Éter, deve inserir a palavra "TEX", o nome do 30º Éter, como a terceira palavra no longo Chamado Enochiano. Se você quiser acessar o 29º Éter, deve inserir a palavra "RII" como a terceira palavra. Portanto, cada um dos 30 Éteres tem uma palavra enochiana específica com três letras que é usada como terceira palavra do Chamado. Ao fazer isso, cada Chamado específico, com o nome do Éter específico, abre apenas o determinado Éter para que você possa acessá-lo. Você só pode entrar em um Éter de cada vez em cada período de meditação.

Porém, na Meditação Mística Mágica, iremos inserir a palavra enochiana para Deus, e não o nome de um Éter, o que nos leva *acima* dos 30 Éteres, em vez de a qualquer um deles. Essa palavra é "IAD", e explicarei de onde ela veio e como a descobri. Tive uma experiência fundamental no ano passado, quando, enquanto praticava a Meditação Enochiana e vivenciava o silêncio e a tranquilidade que essa meditação me proporcionou, senti a presença de Deus. Esse estado não durou muito tempo, mas, enquanto durou, recebi uma mensagem espiritual: fui avisado de que, em algum momento, na semana seguinte, eu receberia uma informação especial.

Logo de manhã recebi a mensagem. Ela era simples. Fui informado de que eu poderia ascender ao reino superior, onde estava Deus, utilizando apenas uma palavra. Fui avisado de que deveria usar o nome de Deus como essa palavra. Isso permitiria que eu ascendesse ao lugar de profundo silêncio onde estaria diante do Trono de Deus. Isso me parecia bom, mas qual palavra para Deus eu deveria usar?

Pessoas de todos os lugares do mundo têm conceitos diferentes de Deus e uma palavra diferente para Ele, como Deus, Javé, Senhor ou Alá. Diante disso, pensei que talvez devesse apenas usar a palavra "Deus" ou uma palavra que traria o pensamento ou a ideia de Deus à minha mente. Mas isso também não parecia correto; não era uma solução simples e engenhosa. Foi quando isso me atingiu como um raio – eu precisava usar a palavra *enochiana* para Deus, ou a palavra que os anjos usaram para Deus quando eles se comunicaram com Dee.

Para descobrir qual é a palavra enochiana para Deus, analisei os diários de Dee novamente a fim de perceber o que deixei passar. Descobri o seguinte: em 10 de abril de 1584, uma terça-feira, quando Dee e Kelley estavam em Cracóvia, na Polônia, eles realizaram outra comunicação angélica, na qual o anjo Nalvage ofereceu aos dois homens uma tábua. Nela, estavam escritos nomes de grupos de anjos e algumas breves descrições a respeito deles, sobre os quais não trataremos aqui. Neste momento, *trataremos* de outra coisa que estava escrita nos quatro cantos da tábua: IAD – o nome de Deus.

Como os anjos consideravam IAD como o nome de Deus, como essa palavra tem três letras (isso é significante porque os nomes dos Éteres também são compostos por três letras, então eles possuem a mesma estrutura) e como a tábua foi dada a Kelley e Dee pouco antes de eles receberem os Chamados Enochianos dos anjos, aparentemente essa era a palavra que eu procurava.

O anjo Nalvage não nomeou a tábua, que, através dos tempos, foi referida como a Tábua de Deus ou a Tábua de Nalvage. Além disso, Nalvage não forneceu instruções para seu uso nem abordou qual era sua função real. Tenho uma teoria própria sobre a função real da tábua: acredito que ela era a chave para facilitar os Chamados Enochianos. O que é interessante para mim é que a tábua foi oferecida a Dee e Kelley em 10 de abril de 1584, e o primeiro Chamado começou três dias depois, em 13 de abril de 1584, o que para mim implica que havia alguma relação entre a tábua e os Chamados, ou que eles deveriam ser utilizados juntos. Acredito que a última afirmação de Nalvage feita sobre a tábua antes de ele desaparecer indica que minha ideia pode não estar errada. "Abençoado seja teu nome, ó Deus, que pode abrir um meio pelo qual teus poderes imediatamente podem ser abertos ao homem. Poder, glória e honra estejam contigo, pois tu és a verdadeira essência de todas as coisas, e a vida eterna".

Kelley então diz (em latim): "Agora ele desapareceu subitamente com a Tábua. Amém".[32]

Assim termina a comunicação com o anjo Nalvage em relação à Tábua de Deus. A última frase de Nalvage é tão importante porque, em minha opinião, ela oferece uma pista sobre todo o significado da tábua. Para mim, está claro que Nalvage fornece uma dica a Dee e Kelley de que o nome de Deus pode abrir reinos e poderes imediatamente após serem lidos os Chamados, e não após um longo processo de busca e disciplina espirituais. O nome de Deus é o meio pelo qual uma pessoa pode acessar o reino superior de Deus e Seus poderes.

Atualmente, os magos muitas vezes a usam como um pingente ao copiá-la em um papelão ou em outros materiais. Eles também a utilizam como um símbolo em sua tábua mágica e até mesmo fazem um medalhão com ela, que usam pendurado ao pescoço.

Portanto, acredito ter descoberto a chave de como utilizar o Chamado Enochiano a fim de ir acima e além dos 30 Éteres, mais alto e mais próximo da Presença de Deus. A chave era descobrir o nome de Deus na linguagem enochiana e utilizá-lo como a terceira palavra do Chamado.

Eu acrescento isso como uma possível alternativa, embora não saiba se serve tão efetivamente quanto IAD. Em algumas meditações místicas, como na Oração Centrante e na Oração dos Padres do Deserto, a pessoa escolhe um nome ou atributo de Deus para ser usado como seu mantra. Por exemplo, é possível utilizar Deus, Espírito, Luz, Paz, Amor, Unicidade, etc. Isso funciona bem nesses tipos de oração. Se você se sentir desconfortável em utilizar IAD, pode testar uma dessas palavras. Em última instância, pode não fazer diferença, mas, em meus experimentos e meditações, IAD é a palavra mais poderosa para esse tipo de meditação. Além disso, os anjos nunca ofereceram nenhuma pronúncia específica da palavra

---

32. Casaubon, *A True and Faithful Relation*, p. 76.

IAD, então parece bem claro como pronunciá-la, e, em minha opinião, variações não seriam necessárias.

Portanto, vamos iniciar nossa Meditação Mística Mágica, começando pelo Ritual Menor de Banimento do Pentagrama.

Ritual Menor de Banimento do Pentagrama (RMBP)

O Ritual Menor de Banimento do Pentagrama irá ajudá-lo a purificar e proteger seu ambiente mágico de qualquer intrusão espiritual negativa ou indesejada. Antes de começar, sente-se confortavelmente em uma cadeira perto de uma vela acesa (opcional). Relaxe por alguns minutos e, então, quando estiver pronto para começar, levante-se. (O RMBP é realizado em pé, e as palavras são pronunciadas em voz alta. Ele também pode ser realizado sentado, pronunciando as palavras silenciosamente, mas recomendo que seja feito da primeira forma.) O RMBP é composto de três ações. Primeiro, você fará a Cruz Cabalística e então irá traçar pentagramas de luz branca nas quatro direções do local. A Cruz Cabalística é semelhante ao sinal da cruz, mas as palavras e direções são diferentes. Por último, você irá fazer a Cruz Cabalística novamente para encerrar essa parte da meditação.

Cruz cabalística

- Vire em direção a leste.
- Visualize a Luz de Deus chegando até você e pairando sobre sua cabeça em uma esfera de luz resplandecente e irradiante.
- Estenda seu dedo indicador direito e, tocando nessa esfera de luz, leve-a até sua fronte, tocando-a.
- Diga ou entoe: AH-TEH (A Ti...).
- Desça o dedo e toque seu peito ou seu estômago, dizendo ou entoando: MAL-KUTH (... o Reino...).
- Ao mover seu dedo em direção a cada parte de seu corpo, visualize a Luz de Deus branca se movendo com você – no

final, você terá sobre seu corpo uma grande cruz de luz branca.
- Toque seu ombro direito e diga ou entoe: VEE-GE-BUR-AH (... e o Poder...).
- Toque seu ombro esquerdo e diga ou entoe: VEE-GE-DU-LAH (... e a Glória...).
- Por fim, junte suas mãos na sua frente como em uma oração, dizendo ou entoando: LE-OL-LAM (... Para sempre...). AH-MEN.

Eu recomendo que você entoe as palavras, pois isso dá mais vida e energia ao ritual. Além disso, não repita as palavras traduzidas que estão entre parênteses. Elas servem apenas para sua informação.

Pentagrama da Luz Branca

- Voltado para o leste, trace um pentagrama no ar. O tamanho não importa, mas geralmente o faço grande. Eu o visualizo como uma luz branca, resplandecente e irradiante ou como uma chama azul – utilize a opção mais fácil para você visualizar. Por favor, siga as orientações na legenda da figura 8.1 para começar.
- Quando o pentagrama estiver completo, coloque seu dedo indicador direito (que você está utilizando como sua varinha mágica) no centro dele e diga ou entoe: YOD-A-HAY, VAV-A-HAY.
- Vire em direção ao sul.
- Faça o mesmo pentagrama novamente no ar (começando pelo canto inferior esquerdo) e, quando estiver completo, coloque seu dedo indicador direito para o centro dele e diga ou entoe: AH-DO-NAI.

Figura 8.1. Comece pelo canto inferior esquerdo e trace o pentagrama na direção indicada até retornar ao ponto de partida.

- Vire em direção a oeste (note que você está dando uma volta em um círculo no sentido horário), trace o pentagrama e, quando estiver completo, coloque seu dedo indicador direito no centro dele e diga ou entoe: E-HI-YAY.
- Volte-se para o norte, trace o pentagrama e, quando ele estiver completo, aponte seu dedo indicador direito no centro dele e diga ou entoe: AH-GA-LA.
- Vire em direção a leste. Não trace um pentagrama, apenas coloque o dedo no centro do pentagrama que você traçou inicialmente, completando assim um círculo fechado de quatro pentagramas, cada um diante de um ponto cardeal (leste, sul, oeste e norte). Visualize esse círculo e os pentagramas como uma luz brilhante ao seu redor e protegendo-o. Esses quatro encantamentos são nomes de Deus.
- Ainda voltado para o leste, estique seus braços formando uma cruz e entoe o seguinte:
    Diante de mim: *RA-FAY-EL*.
    Atrás de mim: *GA-BRE-EL*.
    À minha direita: *ME-CHI-ALE*.
    À minha esquerda: *UR-REE-ALE*.

(Você está invocando os quatro arcanjos de Deus – Rafael, Gabriel, Miguel e Uriel – para proteção.)

- Mantenha seus braços esticados e continue dizendo:
    Diante de mim flameja o pentagrama.
    Atrás de mim brilha a estrela de seis raios.

Repita a cruz cabalística mais uma vez. Você finalizou o RMBP. Permaneça de pé e pause por alguns minutos para mergulhar na paz e na serenidade que você deve estar sentindo; depois, sente-se.

Meditação enochiana

Permanecendo sentado, leia o chamado enochiano completo (a seguir) em voz alta. Se esta for a primeira vez que você faz essa meditação, recite o chamado completo em voz alta (por ele agir como um mantra, será mais eficaz se recitado em voz alta por você). Você pode entoá-lo se isso o faz se sentir mais em sintonia com ele. As palavras são separadas em sílabas, e sinais de pronúncia são acrescentados para indicar vogais longas ou curtas. (Observação: a linha reta em cima de uma vogal indica uma vogal longa: ā ē ī ō ū; o acento circunflexo em cima de uma vogal indica uma vogal curta: â ê î ô û.) Esta meditação enochiana agirá como um mantra e produzirá uma ressonância em seu corpo e espírito.

Chamado enochiano

Mā-drî-iax Ds praf IAD ch(k)īs Mi-cā-olz Sa-ā-nir Ca-ōs-go, od f ī-sis Bal-zi-zras Ia(ya)-ī-da, Non-ca(sa) Go-hū-lim, Mic(Mīk)-ma A-do-ī-an Mad, I-ā-od Bli-ōrb, Sa-ba-o-o-ā-o-na ch(k)īs Lu-cīf-ti-as pe-rīp-sol, ds Ab-ra-ās-sa Non-cf(sf) Ne-tā-a-ib Ca-os-gi od Ti-lb Ad-phaht Dām-ploz, To-ō-at Non-cf(sf) Gmi-cāl-zo-ma L-rāsd Tōf-glo Marb yār-ry I-doi-go od Tor-zulp ia(ya)-ō-daf Go-hōl, Ca-ōs-ga Ta-ba-ord Sa-ā-nir od Chris-te-os Yr-pō-il Ti-ō-bl, Bus-dir ti-lb No-aln pa-id ors-ba od Dod-rm(rum)-ni Zyl-na. El-zāp-tilb Parm-gi pe-rīp-sax, od ta Q(K)urlst Bo-o-a-pi-S. Lnib(Lmb)-m o-v-cho Symp, od Chris-te-os Ag-tol-torn Mirc Q Ti-ōb-l Lel. Ton pa-ombd Dil-zmo As-pī-an, od Chris-te-os Ag L tōr-torn pa-rāch A-symp, Cord-ziz Dod-pal od Fi-falz Ls-mnad, od Farg-t Bams O-ma-ō-as. Co-nīs-bra od A-ua-vox To-nug, Ors-cāt-bl No-as-mi Tab-gēs Lev-ith-mong, un-chi(ki) Omp-tilb Ors. Bagel. Mo-ō-o-ah ol cōrd-ziz. L ca-pī-ma-o Ix-o-māx-ip od ca-cō-casb Go-sa-a. Ba-glen pi-i Ti-ān-ta A-bā-ba-lond, od fa-ōrgt Te-lōc-vo-vim. Mā-dri-iax Tor-zu O-ād-riax Or-ō-cha(ka) A-bō-a-pri. Ta-bā-or-i pri-āx ar-ta-bas. A-dr(dir)-pan Cor-sta Do-bix. Yol-cam priā-zi Ar-co-a-zior. Od quasb Q-ting. Ri-pīr pa-a-oxt Sa-gā-cor(kor). vm-L od prd(pur)-zar ca-crg(cōrg)

Aoi-vē-a-e cor-mpt. Tor-Zu, Za-Car, od Zam-Ran aspt Sib-si But-mo-na ds Sur-zas Tia Bal-tan. Odo Cicle Q-ā-a, od oz-az-ma pla-pli Iad-na-mad.

Quando você terminar de ler o chamado e estiver acima dos Éteres, acima dos anjos, deverá se sentir como se estivesse em algum lugar no espaço, totalmente sozinho. Na verdade, os anjos e os espíritos ficaram para trás; não há anjos ou espíritos onde você está. É apenas um vazio, e a única coisa que permanece é a *luz* acima de você. Você pode sentir ou não essa luz. Se você percebê-la, deixe sua mente voar até ela, ou vá até ela internamente. Se não sentir a luz, sinta seu silêncio, sua calma e sua paz – o vazio e a calmaria desse lugar. Nesse ponto, você ficará em um estado muito profundo. Não permaneça nesse local por mais de 15 minutos inicialmente. (Você pode permanecer nele por mais tempo conforme adquirir mais prática e confiança nessa técnica.) Também é importante compreender que, a cada vez que você entra nesse estado, pode experimentar algo diferente.

Não tente acessar o Éter Zero ou Éter de Deus acima, pois não está em seu poder fazer isso. De certo modo, é nesse ponto que a magia e o misticismo se unem. Você ultrapassou todos os Éteres com sua própria vontade e iniciativa, em um processo espiritual ativo. Você tomou a decisão e conseguiu. Você está diante do Éter Zero e pronuncia o nome IAD, e então espera pacientemente, nesse espaço silencioso, Deus chamá-lo para o alto.

Encerrando a meditação

Quando você terminar, relaxe durante alguns minutos e saia de seu descanso profundo. Isso é importante porque seu corpo permaneceu em um estado de transe profundo por 15 a 20 minutos, e você precisará de no mínimo dois ou três minutos para se reajustar. Encerre com uma repetição do Ritual Menor de Banimento do Pentagrama; fique de pé e fale em voz alta. Então, sente-se e descanse por alguns minutos antes de se levantar e continuar as atividades do seu dia.

9

APLICAÇÕES E FERRAMENTAS DA MAGIA DO PODER

Em todos os meus livros sobre magia, e até agora *neste* livro, meus rituais de magia foram descritos para praticantes individuais e solitários. Não acredito que seja necessário se juntar a um grupo ou organização mágicos para ter sucesso com a magia. Mas os grupos, às vezes, ajudam? A resposta é sim, porém somente com algumas restrições que irei descrever. Eu também gostaria de explorar a questão de objetos de poder ajudarem ou não a aumentar o poder mágico. Acredito que instrumentos como cristais, minerais e objetos e artefatos rituais não são essenciais, mas é possível que esses objetos, com o uso e a compreensão adequados, possam aumentar a meditação mágica e seus efeitos.

Primeiro, vamos observar os prós e os contras de se juntar a um grupo para praticar magia.

Quando duas ou mais pessoas se juntam para um propósito espiritual, os efeitos serão mais efetivos e poderosos. Mateus 18:20 diz: "Onde estiverem dois ou três reunidos em meu nome, ali estou eu no meio deles".[33] Mas de quantas pessoas estamos falando? De duas, três, quatro ou dez? Conforme você aumenta o número, o poder aumenta até um ponto crítico em que muitas pessoas começam a abaixar ou inibir esse acúmulo de poder e podem, eventualmente, destruí-lo.

---

33. Mt 18:20, New International Version.

Portanto, aumentar o número de participantes pode ser desfavorável ao grupo mágico.

Geralmente, algumas mentes boas trabalhando juntas tomam as melhores decisões. Quando há muitas pessoas envolvidas, você pode ter um problema. Os comitês são um bom exemplo disso. Muitas vezes é difícil resolver alguma coisa, porque eles são tão diversos e, portanto, há muitas opiniões e egos envolvidos. Há um ditado de que Deus amou tanto o mundo que não enviou um comitê. Há muita verdade nisso.

Comandei círculos mágicos com grupos de três, quatro, cinco e seis pessoas, e todos eles funcionaram bem; portanto, depende de quantas pessoas estão disponíveis e do número com o qual você se sente confortável.

E quanto ao gênero dos participantes? Sinceramente, não acho que isso seja muito importante, desde que as pessoas envolvidas formem uma boa combinação. O principal é a energia espiritual. Você precisa de pessoas cuja energia se combine e se misture em um ciclo de reações positivas que continua a crescer e a evoluir. Pode levar algum tempo para você encontrar as pessoas certas, mas, quando conseguir encontrá-las, terá um círculo poderoso. No entanto, muitas vezes você não saberá quem trabalha bem em grupo, e quem não, até formar um círculo e começar. Conte com um pouco de tentativa e erro inicialmente.

Você precisa saber que, em qualquer ritual mágico, poderá estar se abrindo para forças e energias que poderão afetá-lo, assim como aqueles à sua volta. Por esse motivo, você precisa criar um círculo de pessoas em quem confia; pessoas com as quais você pode contar para ajudá-lo se você tiver algum problema quando as coisas se complicarem. Você não irá querer incluir pessoas que pensam somente em si mesmas e/ou em suas necessidades e vontades. É importante que todos os participantes tenham motivação e ímpeto espirituais de encontrar Deus ou a consciência cósmica.

Você realizou seu primeiro passo, que é reunir o grupo com o qual irá trabalhar. Agora, como você conecta e ativa a energia entre cada membro do grupo? Isso é feito por meio do toque espiritual. Como fazer isso? Formem um círculo dando as mãos. Isso é feito desde o século XIX até os dias de hoje em sessões ou círculos espirituais. Por que isso é necessário? Em minha opinião, parece ser um princípio espiritual que o toque físico seja necessário quando se está realizando um trabalho espiritual em grupo. Na Igreja Episcopal, as pessoas se cumprimentam e apertam as mãos no que é conhecido como cumprimento. Em muitas cerimônias religiosas, as mãos são colocadas na cabeça das pessoas para conceder bênçãos ou energia, e/ou para atribuir um título. Na Índia, mestres espirituais algumas vezes dão uma palmada em seus discípulos para impulsioná-los ao reino espiritual seguinte. Em cerimônias de confirmação de outras religiões, o sacerdote ou bispo costumava dar uma palmada no rosto da criança que recebia a confirmação. O ato de dar as mãos cria um círculo fechado, no qual a energia espiritual pode ser gerada. Ela então circula de forma concentrada e, ao fazer isso, conforme mencionado anteriormente, continua a ser amplificada em um ciclo de reações positivas.

Somente para esclarecer, isso é mais do que um mero simbolismo. Todos nós temos três tipos de corpo: o físico, o mental e o espiritual. Precisamos ativar e conectar todos os três. O ato de dar as mãos conecta os corpos físicos, nossos pensamentos conectam os corpos mentais, e a geração de energia espiritual conecta os corpos espirituais. Portanto, os três corpos se tornam um e as pessoas no círculo se tornam uma – unidas em um objetivo comum e em uma energia comum.

Quando você conduz uma cerimônia espiritual, o ambiente que você cria deve ser silencioso. Ele deve passar uma sensação de isolamento, e, para chegar a essa sensação, recomendo que você use velas e incenso. Minha experiência mostra que eles ajudam. Velas acesas invocam espíritos e seres superiores e podem propiciar uma atmosfera favorável para a magia ritual. Novamente, cada pessoa pode ter escolhas e preferências diferentes – estas são apenas recomendações. Eu não colocaria música, pois é uma distração para a mente e pode impactar de maneira negativa a boa energia que você tenta criar. Outras sugestões incluem usar roupas largas e confortáveis e ter disponível muita água para beber, dado que a criação de energia psíquica e espiritual é propensa a desidratar o corpo. Recomendo que você não use trajes elaborados, instrumentos mágicos e muitos totens e insígnias, pois toda essa parafernália tende a distraí-lo do propósito real: conectar-se com a energia de Deus.

Você deve focar a energia do grupo em avançar em direção à energia de Deus. Isso não é como acender um fósforo em um barril de pólvora. Você precisa canalizar e direcionar a energia coletiva para um propósito específico. Estamos falando aqui sobre alta magia ou magia do poder, algo muito poderoso que deve ser usado somente para propósitos espirituais, e não para benefícios mundanos ou individualistas. Esse poder é necessário para acessar o mundo angélico, e a chave é obtê-lo o suficiente para conseguir chegar onde precisa: além do reino dos anjos. Essa geração de poder é semelhante à de um foguete acumulando energia o suficiente para decolar e sair do solo, em uma tentativa de escapar da força da gravidade, que, de outra forma, o manteria nele.

Vamos retornar à nossa cerimônia mágica e começar. Todos devem se levantar para realizar o Ritual Menor de Banimento do Pentagrama. Após ter feito isso, está pronto o Chamado Enochiano. No passado, isso era conduzido de duas formas: eu lia o Chamado para o grupo em voz alta ou o lia *com* o grupo. A segunda forma parece criar mais poder e energia para todas as partes envolvidas.

Após encerrar o Chamado, todos se sentam e é formado um círculo dando as mãos. Então, de maneira relaxada, nós nos concentramos em completar um círculo mental e espiritual, conectando-nos; algumas vezes é possível sentir que a energia psíquica é transferida de uma pessoa para outra. Não deve haver tensão enquanto isso acontece, mas sim meditação; nós apenas relaxamos e nos conectamos. Todos nos movemos juntos para o centro de nosso ser espiritual, o centro de Deus internamente.

Movendo-nos juntos internamente, todos no círculo agora nos voltamos para o centro de nosso próprio ser sozinhos, a fim de ascender para além dos reinos celestes, em direção ao reino de Deus interno. Essa é uma experiência pessoal, e, como a energia do grupo nos ajudou até aqui, agora estamos sozinhos diante da presença de Deus dentro de nós.

Se você preferir realizar esse processo sozinho, sem o poder do grupo, também é possível fazê-lo. Na verdade, eu prefiro fazer isso sozinho, mas é uma questão de gosto. Descobri que, quando isso é feito em grupo, os Éteres algumas vezes são acessados mais rapidamente, dado que mais poder é criado para adentrá-los. No entanto, é uma escolha individual de como a pessoa quer vivenciar o processo, e é essencial experimentar. Teste coisas diferentes sozinho e em grupo. Lembre-se de que esse é um território inexplorado e há muita coisa que ainda não foi descoberta. Talvez você descubra algo que ninguém mais descobriu!

Tenho trabalhado com muitos grupos de círculo mágicos, e uma coisa que descobri é que cada um tem uma personalidade própria. O principal é escolher pessoas com as quais você se sinta espiritualmente conectado e nas quais você possa confiar. De certo modo, todos vocês terão o mesmo objetivo de iluminação espiritual e, juntos, usarão a magia como forma de se aproximar de Deus e avançar no caminho espiritual.

Embora todos tenham o mesmo objetivo, é importante ter em mente que o caminho não é linear ou bem definido, e que o caminho de cada um é diferente. Além disso, nunca temos realmente certeza de onde estamos no caminho. Os místicos têm orientado que, enquanto alguns que buscam podem pensar que estão perto do topo, na verdade, eles estão apenas começando. Outros que buscam podem pensar muito pouco sobre si mesmos e seus esforços, mas eles podem estar mais perto do objetivo de obter iluminação espiritual do que imaginam. Novamente, nós nunca sabemos realmente onde nós ou os outros estão no caminho, então meu conselho para você é nunca julgar. O importante é ser humilde e praticar a humildade em todos os seus esforços, especialmente em suas buscas espirituais.

A seguir, eu gostaria de discutir sobre quais coisas materiais você pode querer utilizar quando realiza seus ritos mágicos. Embora eu desencoraje o uso de muitos utensílios mágicos, recomendo que você considere utilizar um objeto de poder na forma de um objeto natural. Conforme mencionei anteriormente, isso não é necessário, mas pode aumentar o efeito mágico, dado que o objeto irá focar, amplificar e concentrar a energia psíquica do indivíduo ou do grupo.

Você pode primeiro tentar usar um objeto de poder sozinho e, em seguida, com o grupo como um todo.

    Portanto, você pode perguntar: "Como encontro um objeto de poder e, se eu encontrar um artefato ou objeto que queira utilizar, como sei que ele tem uma energia boa e não uma energia ruim ou negativa associada a ele?". Há histórias de objetos amaldiçoados ou que foram utilizados para rituais ou propósitos malignos, e estes podem ter uma energia ruim. Obviamente, você não vai querer utilizar algo assim, muito menos levar um desses objetos para sua casa. Uma vez tive a oportunidade de adquirir um crânio de cristal mesoamericano. Sem entrar em detalhes, eu acreditava que ele era autêntico e que tinha sido esculpido na época dos astecas, portanto ele era velho, mas não realmente antigo. Enviei a foto desse crânio para três das melhores videntes com as quais estava trabalhando, e cada uma delas me disse independentemente: "NÃO, não compre isso, tem uma energia ruim". Portanto, houve 100% de confirmação em cada uma das análises. Então, obviamente não o comprei. No entanto, muitos podem não ter a oportunidade de trabalhar com os melhores videntes para ajudá-los, então será preciso julgar o objeto por si só.

    Se você conhece um vidente no qual confia, pode enviar a ele uma foto do objeto que está considerando utilizar e perguntar qual energia ele sente em relação a esse objeto. Nem todo vidente consegue trabalhar com fotos, mas você pode ter sorte de encontrar algum. A melhor coisa a fazer, em seguida, é utilizar seu próprio julgamento. Você não precisa ser um vidente, mas pelo menos ser um pouco intuitivo. Segure o objeto, feche os olhos e apenas pergunte a seus guias ou a seu eu interior se esse objeto é bom e positivo e se será útil para o seu ser espiritual ou se esse objeto é algo que você deva desconsiderar. Se você apenas deixar fluir e ver o que acontece, pode obter uma resposta. Pode não ser na forma de palavras ou visões, mas de um sentimento profundo ou intuitivo que seja tranquilizador, pacífico e positivo, ou você pode não se sentir bem sobre esse objeto e ele pode induzir algum medo ou alguma sensação negativa dizendo para você não comprá-lo. Você sabe que pode não ter 100% de certeza em determinar isso, e nem eu tenho, nem meus videntes, então, quando você o levar para casa, só para ter certeza, faça todo tipo de purificação ritual que você conheça. Lembre-se de que a maioria das energias negativas pode ser eliminada. Portanto, não se preocupe ou fique muito inquieto com isso; tome sua melhor decisão, purifique o objeto e aproveite.

Escrevi um livro sobre cristais de quartzo no qual descrevi que o quartzo amplifica os pensamentos e a energia; esse é um objeto muito apropriado para ser utilizado. No entanto, meu conselho geral é utilizar algo com o qual você tenha alguma experiência e com o qual possa se conectar. Portanto, se outras gemas ou minerais que não sejam os cristais de quartzo são mais efetivos para você, recomendo utilizá-los. Cada membro do grupo pode ter seu próprio objeto ou o grupo pode utilizar apenas um objeto. Eu prefiro a segunda opção: o uso de um objeto no qual todos os membros concentrem sua energia juntos tende a ser mais efetivo, em minha opinião.

Alguns de meus objetos de poder favoritos são os crânios de cristal antigos que possuo, e, como isso é um tema fascinante, gostaria de me desviar por um momento para falar a respeito deles. Aparentemente, hoje em dia todos têm um crânio de cristal e todos alegam que seu crânio é antigo, sem testá-lo adequadamente para determinar sua verdadeira idade. Todo crânio de cristal famoso que foi testado até o momento provou ser uma produção moderna, mas ainda assim continuam a ser feitas alegações de antiguidade.

Como se isso não bastasse, algumas pessoas pagam um bom preço para ver esses crânios alegadamente antigos. Mas, apesar do fato de eles serem modernos, ainda podem conter energia psíquica. Possuo alguns objetos que têm menos de 50 anos e têm mais energia psíquica do que meus artefatos com milhares de anos. O motivo de sua energia psíquica é porque eles foram utilizados intensamente em tempos recentes como objetos rituais e, assim, foram expostos a todos os tipos de energias psíquicas. Então, não use apenas a idade para determinar se um objeto poderia ser energético ou um objeto de poder.

Assim como tenho alguns crânios de cristal modernos que possuem grande poder, também tenho crânios de cristal antigos que têm grande poder. Dois deles foram testados cientificamente para descartar a hipótese de terem sido produzidos ou esculpidos com ferramentas ou abrasivos modernos. Eles são um crânio de cristal branco de tamanho real e um crânio de cristal menor, do tamanho de uma bola de beisebol.

Sei que esses crânios possuem poder porque os levei a simpósios e exposições de que participei nos últimos anos. Nessas exposições, literalmente centenas de videntes tocaram e deram sua opinião sobre eles. Pelo menos 90% desses videntes me disseram que eles possuem muita energia e são muito especiais. Alguns desses videntes acreditam que eles foram usados em rituais, alguns deles de cura, e alguns em viagens da alma. Outros acreditam que eles eram um tipo de dispositivo de comunicação utilizado para se comunicar com seres espirituais e outras dimensões.

Embora existam muitas opiniões discordantes sobre qual seria a utilidade desses crânios, todos concordam com seu valor como objetos espirituais. Além de receber confirmação de videntes de que esses crânios são antigos e muito poderosos, tirei fotos de sua aura. Também tirei fotos de aura de outros objetos rituais que possuo.

Discutirei sobre essas fotografias e suas ramificações no próximo capítulo deste livro.

10

REVELAÇÕES DE FOTOGRAFIAS DE AURA

Uma das ferramentas que os pesquisadores de paranormalidade utilizam é a fotografia, e, nesse método, há muitos tipos de fotografias que são empregados.

Três tipos de fotografia

Dos diferentes tipos de fotografias utilizados nas investigações paranormais, tenho interesse maior por três tipos principais. O primeiro é a fotografia infravermelha, que é simples de se fazer. É necessário apenas inserir um filme infravermelho em uma câmera normal. A fotografia infravermelha revela o calor de um objeto. Esse calor assume a forma visual de uma luz branca e/ou colorida, dependendo do objeto que está sendo fotografado e de sua temperatura. Objetos inanimados, que não emitem calor, aparecem em preto na fotografia. Não há nada místico ou psíquico em relação à fotografia infravermelha. Esse tipo de fotografia é frequentemente usado por caçadores de espíritos – é uma ferramenta boa para usar quando você quer fotografar um espírito que emite calor.

O segundo tipo de fotografia que é usado por pesquisadores de paranormalidade é a fotografia Kirlian. Ela foi descoberta no final da década de 1930, por um técnico em eletrônica armênio chamado Semyon Kirlian, que a descobriu por acaso. O que ele descobriu é que, se você coloca um objeto em uma placa fotográfica e então passa uma carga elétrica entre os dois, uma imagem colorida é criada no filme. Ele chamou isso de "descarga de corona". Se uma mão é fotografada usando esse processo, a fotografia irá revelar uma faixa branca irregular fina ao redor da mão. Auras e raios multicoloridos também podem ser emitidos dela.

Essa é a aura ou a energia vital do objeto animado – a mão neste exemplo? Muita pesquisa foi feita sobre a fotografia Kirlian desde a década de 1970, quando ela se tornou muito popular, e há duas respostas para essa pergunta. Uma resposta postula que a descarga de corona é apenas um fenômeno físico que não está relacionado à energia vital ou espiritual. A outra resposta é que a aura ou a linha branca irregular mede a bioenergia ou a força vital da mão. Isso é amplificado pela crença de que a aura de uma pessoa muda conforme seu humor, suas experiências e/ou seu estado mental mudam.

Qual resposta é a correta? Em minha opinião, ambas estão corretas. A fotografia Kirlian captura a ionização física da mão e também sua energia. Porém, mais pesquisas são necessárias, pois sou muito cético quanto a esse tipo de fotografia e o que ela está realmente fotografando.

O terceiro tipo de fotografia que me interessa é um que acredito ter o maior potencial para fotografar a aura espiritual tanto de objetos animados quanto inanimados. Esse tipo de fotografia foi desenvolvido em 1992 por Guy Coggins, um engenheiro elétrico. Esse terceiro tipo de fotografia é conhecido pelo nome da câmera utilizada nesse processo: a AuraCam. Sua finalidade é medir a aura de uma pessoa, mas, se isso é verdade ou não, é uma controvérsia.

De todo modo, ela funciona da seguinte forma: o indivíduo que quer ter sua aura interpretada coloca as mãos em duas placas de metal que contêm sensores, e estes medem a frequência da energia do indivíduo e a sobrepõem em uma fotografia real dele. Portanto, de certa forma, duas fotos são tiradas ao mesmo tempo: uma da pessoa e uma segunda de sua frequência energética. Essas duas imagens são, então, reunidas em um filme Polaroid. A aura que é produzida é, geralmente, muito colorida e pode ser interpretada por pessoas que sabem analisar auras.

Recentemente, foram desenvolvidos sensores e programas de computador que produzem fotografias de aura que podem ser interpretadas na tela de um computador. Usando esse método, o operador é capaz de ver a aura da pessoa em tempo real e pode pedir para ela respirar, mover-se ou fazer o que seja necessário a fim de obter um resultado melhor ou mais identificável. A vantagem do método de computador é que você pode observar sua aura mudando conforme suas ações no momento. Esse é um recurso real, mas, para estudos científicos, prefiro o método em que a aura da pessoa é capturada em um filme Polaroid, pois acredito que ele consegue capturar mais das frequências da aura de uma pessoa. (No entanto, isso é apenas especulação minha.)

Tirei fotos de minha aura sozinho e também com meus crânios de cristal. A diferença é espetacular e oferece algumas percepções sobre o poder e a energia espirituais desses artefatos. Também tirei fotos de aura com objetos rituais e artefatos arqueológicos importantes, que podem esclarecer um pouco de nossos contatos alienígenas no passado. Antes de discutirmos isso, primeiro vamos observar a pesquisa que fiz sobre meus crânios de cristal usando fotografias de aura. Usei muitos crânios de cristal antigos em minha pesquisa sobre auras, mas irei discutir apenas alguns dos resultados mais impressionantes que obtive.

Fotos de aura dos crânios de cristal

Se acreditarmos que os crânios de cristal emitem uma energia especial, isso deve aparecer em uma fotografia de aura. Vamos recordar a teoria que descrevi anteriormente no livro: são necessários dois ou mais indivíduos para ativar uma conexão espiritual. Ou seja, o crânio de cristal não será ativado ou emitirá uma aura ou energia especial a menos que entre em contato com alguém que possa se conectar com ele espiritualmente. Acredito ter essa ligação espiritual, pois tenho uma verdadeira conexão com esses crânios. Eu os possuo há muito tempo e atuo com eles frequentemente. Além disso, viajo com eles a conferências periodicamente.

Portanto, eu acreditava que uma fotografia de aura minha com um desses crânios revelaria uma conexão áurica, enquanto que uma fotografia de aura desses crânios com um desconhecido provavelmente não iria produzir, de nenhum modo, algo parecido.

Antes de fotografarmos os crânios, precisávamos tirar uma foto de aura de mim sozinho para determinar se existia alguma diferença quando eu segurava os crânios. Após tirar uma fotografia minha sozinho (ver prancha 1), tiramos duas séries de fotografias de aura em dois momentos diferentes. A primeira foi realizada fotografando meus crânios de cristal (pranchas 2 a 5). A segunda foi realizada mais recentemente, usando artefatos rituais (pranchas 7 a 14). As duas séries de fotografias foram tiradas com aproximadamente seis meses de intervalo, em localizações diferentes. Nelas podemos ver que o ambiente e outros fatores não estão interferindo. Isso constitui um ótimo controle.

Discutirei sobre essas fotografias de aura a seguir, mas tenha em mente que fotografias de aura são um retrato de um breve momento congelado no tempo. As auras são dinâmicas e fluidas – estão sempre em movimento. Se essa foto tivesse sido tirada um segundo depois, as cores poderiam muito bem estar posicionadas de maneira distinta e a imagem poderia estar um pouco diferente. No entanto, no geral, ela seria interpretada mais ou menos da mesma forma. (Essa tem sido minha experiência com diversas fotografias de aura tiradas de mim em diferentes épocas e em vários lugares.)

Agora que temos uma imagem de referência de minha aura como base, podemos concentrar nossa atenção nas fotos de aura em que estou segurando os crânios de cristal. A prancha 2 apresenta um crânio de cristal que testei cientificamente para comprovar se ele não é uma produção moderna. Você pode ler a respeito desse crânio de cristal em meu livro anterior, *Power Crystals*.

É preciso ter contato contínuo com as placas de eletrodo para que as fotos de aura funcionem. Para mim, a melhor forma de entrar em contato com o crânio é repousando-o em minha mão, como fiz, conforme pode ser observado na fotografia apresentada na prancha 3. Dessa forma, ainda estou conectado com as pranchas e o crânio está fisicamente conectado comigo. Observe a mudança em minha aura. As cores agora incluem verde, laranja, violeta e um pouco de amarelo. O número de cores aumentou, o que também é significativo. Está muito evidente nessa foto que o crânio de cristal mudou minha aura ou há uma combinação de sua aura interagindo com a minha; ninguém sabe ao certo.

A foto seguinte, na prancha 4, apresenta meu crânio obsidiano vermelho da cultura de Hongshan, que se desenvolveu aproximadamente 4 mil a 6 mil anos atrás. Na prancha 5, coloquei meu crânio de cristal vermelho na minha mão esquerda. Bem em volta do crânio, você pode observar a mudança profunda nas cores. Essa é, de fato, uma transformação surpreendente!

Nós tentamos algo diferente para a fotografia seguinte. Na prancha 6, o mesmo crânio vermelho foi colocado entre minhas mãos, portanto, o contato é feito entre ele e ambas as mãos, mantendo contato também com a placa.

Essa é, de fato, a mudança mais incrível nas fotografias de aura até o momento. As explicações para as cores variam, mas o ponto importante é que esses artefatos realmente modificam as auras das pessoas; eles têm um efeito expressivo sobre elas.

Artefatos vodu

A seguir, gostaria de discutir sobre os artefatos que obtive de uma mansão vodu localizada na Flórida. Aparentemente, a senhora que vivia lá era uma poderosa praticante de vodu e tinha inúmeros objetos rituais e cerimoniais. Ela faleceu há muitos anos, e, recentemente, pude obter muitos desses objetos. Decidi adquirir quatro dos artefatos que considerei mais poderosos daquela mansão, e eles foram analisados por Mona Wind (intérprete de registros akáshicos) e duas médiuns psíquicas, Helene Olsen e Jeanne Crescenzo. Também pedi a Bobby Sullivan, o fotógrafo que tirou as fotos de aura de cada artefato, suas considerações sobre os resultados fotográficos.

Bola de cristal

Acredito que a bola de cristal apresentada na prancha 7 data de meados do século XX.

Análise de Mona: "Quando a sacerdotisa vodu adquiriu esta bola de cristal, ela conectou sua energia ao Oráculo de Tebas e acreditou que a energia do Oráculo protegia a bola. Há um olho verde com pontos dourados olhando para fora da bola. A bola em si é um portal entre linhas do tempo. Ela é proveniente dessa linha energética".

Análise de Helene: "Esta bola de cristal é mais antiga do que você imagina e é um 'milagre da perfeição' (de acordo com meu guia!). Ela não tem cortes, riscos ou lascas de nenhum tipo em sua superfície. Ela absorveu a energia de seus antigos detentores e também libera sua energia e se conecta diretamente com seu atual dono, além de todos que possuam um coração espiritual verdadeiro. Ela foi 'estimada' e bem cuidada por seus proprietários. As pessoas com coração verdadeiro que se colocam diante dela se aproximam com reverência e admiração. A bola está 'viva' (de acordo com meu guia) e, de fato, 'interage com aqueles que são sérios e possuem um dom'. É possível receber informações e orientações divinas específicas ao se conectar com esse 'telefone dos céus'. Quando ativada pela aura de um indivíduo, ela de fato 'flui' a energia, que pode ser sentida e ouvida por determinadas pessoas que possuem um dom. A energia que ela irradia é tanto dourada quanto pode ser – ou mudar para – prateada e/ou um tom claro de violeta".

Análise de Jeanne: "A bola de cristal é suficiente para estimular a atividade do terceiro olho. Senti uma pressão em minha testa imediatamente. Utilizando meu processo natural de análise de um objeto, obtive visões muito claras da bola de cristal imediatamente em meu terceiro olho. Muito nítidas e vívidas, quero dizer. Parecia pequena e depois cresceu e se aproximou até abranger toda a região de meu terceiro olho, e consegui ver uma cor que se assemelhava a malva, seguida de uma coloração dourada e, depois, um índigo intenso. Pouco tempo depois, vi o rosto de uma mulher e, então, de um homem. Sinto que é seu rosto e percebo que a bola de cristal o escolheu e revelou sua antiga detentora e depois você como uma confirmação disso. Quanto mais eu olhava para ela, mais obtinha uma imagem clara de uma esquina iluminada por uma lâmpada pequena e fraca. Eu me distanciei de meu campo de visão e vi uma cidade muito pequena e antiga. Tive a impressão de que isso era por volta da época em que se passou do lampião a gás para a energia elétrica. Tenho uma forte sensação de que essa bola de cristal foi produzida com um intuito. Sua finalidade seria a visualização de imagens no terceiro olho, e visão remota. Ela era muito poderosa e estimulante para a glândula pineal, também conhecida como a entrada da alma".

Comentários de Bobby Sullivan sobre as fotos de aura da bola de cristal: "Observe a energia na foto da bola sozinha e depois observe a energia nessa foto de aura de você com a bola. Na foto da bola sozinha, tem muito vermelho, o que revela que há muita energia nela. Isso pode representar a energia de muitas pessoas diferentes. Não tenho certeza se podem ser também espíritos. Essa bola é, de fato, usada para buscar informações. Ela possui muita energia emocional de outras pessoas. Também é possível observar um pouco da aura protetora transparecendo. Sua energia avançou um pouco mais". (Ver prancha 8.)

Colar vodu

O colar vodu que aparece na prancha 9 – também da mansão – contém crânios que, acredito, foram feitos de ossos humanos e têm centenas de anos. Em minha opinião, os crânios são entidades vivas, ou ao menos possuem um espírito ou espíritos. Geralmente, entro em estado alterado quando coloco o colar, o que o torna um dos artefatos mais poderosos que possuo.

Análise de Mona: "Existem 13 seres neste colar. Eles são de uma linhagem vodu antiga, proveniente da África. As energias neles estão concentradas na cura da mente, do corpo e do espírito. Há, no entanto, três entidades que são protetores. Isso significa que Marie, ou qualquer um que tivesse controle sobre eles, poderia usá-los também para a magia negra... um equilíbrio de forças positivas e negativas. Eles estão com você porque sua energia é pura e você não tem intenção de fazer mal a outras pessoas. Para mim, isso significa que eles têm muita certeza sobre as intenções dos detentores e não irão simplesmente funcionar para qualquer um. Os crânios têm uma mensagem: 'Use-me cuidadosamente, eu lhe darei o que você pedir. *Tudo* o que você pedir'. Esse tipo de objeto não pode ser oferecido ou compartilhado com qualquer pessoa. Sua frequência vibracional está nas áreas teta-delta. Isso significa que, quando você o utiliza, suas ondas cerebrais se sincronizam no nível teta-delta".

    Análise de Helene: "Os crânios são feitos de muitas peças de diferentes períodos. Algumas das contas deste colar são *antigas*, e provenientes do Egito e da Suméria; já vi fotos desses lugares e períodos. O padrão desta peça não é construído de acordo com nenhum outro modelo; por dentro e por fora ela é 'única'. Cada parte deste colar tem um significado pessoal para quem o produziu. Embora seja poderoso por si só, ele absorveu as práticas e a energia de seu último detentor. Ele foi sempre utilizado em ritos mágicos, e qualquer pessoa intuitiva que o tocar ou o colocar sentirá a vibração de seu poder. É semelhante a ser 'plugado' a um universo de magia. Dois crânios têm a mesma idade – aproximadamente 170 anos – e foram oferecidos como um presente em troca de um serviço de benevolência. Um terceiro crânio, menor, é muito mais antigo e foi recebido como um pequeno presente. A energia da peça é boa, e ela foi inicialmente utilizada em ritual para 'pedir' informações e criar fluxos de energia que influenciariam ou colocariam um 'feitiço' em outros indivíduos ou grupos. Eu não capto nenhuma negatividade deste item".

    Análise de Jeanne: "Sim, existem muitos espíritos em torno desta peça. O que vejo é que ela age como uma entrada pelo véu; sinto que os crânios representam uma entrada para a morte. Diferentemente do anel, esta peça desencadeia uma experiência mais fora do corpo do que uma experiência interior e conduz a pessoa a uma dimensão diferente. Vejo que esta peça permitiu que você e a sacerdotisa vodu misturassem suas vibrações – você a canalizando –, de modo que ela se tornou um mestre e guia para você. Este colar foi produzido com muita intenção por trás de cada pedra e cada osso. O osso em si tem muito poder e pode ter pertencido a um ser humano muito avançado espiritualmente. Quase percebo essa sensação de cristalização no osso, algo na estrutura e no nível molecular que sugere que o ser humano ao qual ele pertenceu era um dos pioneiros das novas encarnações espirituais evoluídas, se isso fizer sentido. As pedras têm poder, sim, mas sinto mais poder no osso em si. Vejo três seres iluminados que atuam como guardiões e mestres representados nos três crânios. Este colar parece um portal em si e, novamente, o escolheu para cruzá-lo".

Comentários de Bobby Sullivan sobre uma foto de aura do autor com o colar ritual, conforme apresentado na prancha 10: "Este colar definitivamente traz um pouco de equilíbrio a você; sua energia agora atraiu sua energia no chacra cardíaco, que é verde. Essa energia é parcialmente espiritual e parcialmente terrestre. Ela revelou a energia do coração, o rosa, ainda mais. Um brilho branco está irradiando de suas mãos apoiadas. O branco é a energia espiritual vibracional mais elevada, e suas mãos estão de fato brilhando... a mão direita ainda mais... Ainda há um pouco de proteção, mas ela baixou um pouco. O colar tem uma vibração alta e é por isso que existe um brilho branco em volta dele".

Anel nefilim

Supostamente, havia uma caverna no Oriente que abrigava esqueletos dos nefilim, os gigantes que habitaram a Terra em épocas remotas, conforme mencionado na Bíblia. Esses esqueletos tinham pequenos chifres no crânio. A Senhora Vodu retirou vários e usou dois deles para ornar um anel de prata, que atualmente está sob minha posse e é apresentado na prancha 11. Dez símbolos mágicos estão gravados à mão dentro do anel. É uma joia muito poderosa, e minha consciência muda quando eu a coloco.

Análise de Mona: "A energia deste anel é originada de outra galáxia. Esses gigantes não vieram daqui; eles foram trazidos para cá. Eles são os mais inferiores no reino angélico. Deixe-me explicar. Eles são anjos, mas não da mesma forma que imaginamos que eles sejam. Vamos chamá-los de filhos dos anjos. Eles são da mesma linhagem energética, mas têm um nível de potência diferente. Este anel pode abrir 25 dimensões e permitirá a você ou a outros viajar no plano astral. A frequência é alfa-teta, que é a frequência do estado de hipnose leve. No entanto, se um indivíduo meditar profundamente sob o anel, ela irá se transformar em delta, nosso sono profundo. Este é um anel de cura, mas também um conduto para se transportar entre os reinos e se comunicar com os anjos inferiores".

Análise de Helene: "Este anel fascinante e único foi criado por um joalheiro proeminente e foi produzido especificamente para o cliente com o propósito de incluir estes pedaços de 'chifres'. Antes de ver as fotos deste anel, disseram-me que 'símbolos mágicos foram gravados em sua superfície interna pelo dono que o encomendou'. Ao observar as fotos, esse é certamente o caso. Cada um desses símbolos não apenas tinha um significado pessoal para seu dono, como também eram profundamente divinos e positivos (para ele). Os símbolos transmitem reverência e proteção ao ser cujo osso está encerrado no anel.

"Diferentemente de meu guia, estou vendo a imagem de um esqueleto parecido com o de um ser humano, com aproximadamente dois metros de altura, com dois chifres pequenos (com cerca de cinco centímetros de comprimento), um de cada lado da testa, perto da linha do cabelo. Sua energia é masculina, e ele tem o crânio parecido com o de um ser humano, mas o rosto é mais largo e um pouco mais reto do que o de um ser humano comum. Ele diz que se comunicará com médiuns selecionados, mas não com todos.

"Conhecido como o Nefilim, ele dita a informação que quer retransmitir: 'Certamente vocês acreditam que os estudiosos conhecem a história de seu planeta, mas estão equivocados ao acreditar nisso. Minha cultura existiu nele em um pequeno número; nós éramos um subconjunto de um grupo semelhante ao qual vocês denominariam de gigantes. Entretanto, somos de uma linhagem real e de uma raça mista. A informação que possuo será surpreendente para vocês. Muito antes de meu grupo ser extinto, há 40 mil anos, diversas culturas povoaram o planeta. Essas culturas *não* eram humanas, conforme vocês acreditam. Nossas raças podiam ir e vir livremente e sem restrição. Fui um dos últimos poucos remanescentes de minha linhagem antes de sermos extintos daí. Quando a população humana cresceu e as práticas bárbaras aumentaram, surgiu entre os seres humanos um ódio por nossa intrusão, e a harmonia abandonou a humanidade. Nós éramos cada vez menos bem-vindos e não tínhamos vontade de aumentar nossa população, e fomos nos esconder em florestas e áreas remotas. Estou conectado com meus remanescentes e continuo essa comunicação a fim de que a memória de nossa harmonia com a humanidade não seja perdida para sempre.'"

Análise de Jeanne: "Fui inicialmente cumprimentada por um ser antigo multidimensional com uma aparência estranha e muito alto. Ele parecia ter chifres pequenos por toda a sua cabeça, como nódulos. Seu dedo anelar parecia ter um anel, no entanto, ele também me passou a impressão de que estava conectado diretamente com a pessoa que o estava usando. Também ouvi as palavras 'alto sacerdote' e entendi que o anel foi usado por um ser 'humano', em algum momento, que acessou esse ser e seu poder durante rituais. Eu lhe disse anteriormente que, quando você o coloca, uma centelha sináptica viaja de seu dedo anelar até a glândula pineal, estimulando a consciência multidimensional e possíveis estados alterados. Estou recebendo uma visão de um portal de luz aberto conectando uma pessoa a um acesso maior e mais poderoso à alma. Suspeito que existam memórias codificadas do poder espiritual verdadeiro da humanidade antes de os seres humanos serem alterados e se tornarem uma vibração mais densa, assim pedindo que a humanidade tenha sabedoria antes de adquirir esses poderes novamente. Quando digo 'esses poderes', quero dizer a verdadeira origem de nossa herança espiritual".

Comentários de Bobby Sullivan sobre uma foto de aura do anel nefilim, conforme apresentado na prancha 12: "O que aconteceu é que este artefato produziu o dourado, que é energia de proteção. Ele criou um imenso escudo dourado em torno de você. Ele também o retirou da vibração superior, a compassiva. Ainda tem um pouco de vermelho, mas ele alterou toda a sua aura. Ele o reteve de certa forma. A primeira aura é etérea, então ele baixou sua energia novamente. A aura avança muito mais além. O dourado é muito divino e, além disso, muito protetor. O anel está na mão direita. Ele tem um efeito significativo sobre você. A energia dele o direcionou para os chacras inferiores".

Crucifixo do vampiro templário

A prancha 13 apresenta um crucifixo católico do final do século XVIII, início do século XIX. A história desse crucifixo é que a senhora da mansão vodu tentava encontrar um Cavaleiro Templário e o buscava pela França e pela Europa. O lugar onde ele morava foi encontrado e roubaram o crucifixo dele. Diziam que ele era um vampiro, e, portanto, o objeto é chamado de crucifixo do vampiro templário. (Supostamente, Aleister Crowley, o famoso ocultista inglês, procurava esse mesmo vampiro.)

Análise de Mona: "Esse ser não era um vampiro, mas, definitivamente, era um dos 'mortos-vivos'. Vampiros sugam sangue, mas esse ser não fazia esse tipo de coisa. Havia uma entidade dentro dele que estava controlando sua energia. Essa entidade era um ser muito cruel e hostil. O crucifixo era uma forma de controlar essa entidade. Esta é uma peça muito interessante; um equilíbrio entre o bem e o mal... o ser bom e a entidade má. Tenha cuidado com esse objeto; ele revela essas duas qualidades dentro de uma pessoa".

Análise de Helene: "Este crucifixo foi montado em aproximadamente 1.850 de partes produzidas e criado por uma pessoa experiente em fazer esse tipo de item. A madeira incrustada foi escurecida para representar 'ébano', mas não é feito de madeira de ébano. O crucifixo era, originalmente, parte de um rosário formal e era levado para a igreja para fazer orações. Ele era adorado por seu último detentor e brilha uma luz divina dourada clara. É possível sentir um calor ao tocá-lo fisicamente, e ele se conecta diretamente a um fluxo de energia crística".

Análise de Jeanne: "O interessante sobre esta peça é que ela parece carregar um equilíbrio de luz e escuridão. Parece que seu detentor usava esta peça para manter uma sensação de equilíbrio entre as polaridades... uma paz entre a luz e a escuridão. Além disso, sinto uma pureza superior em torno dele e tenho uma visão do Cavaleiro Templário. Ele pode muito bem estar conectado a esta peça. Tenho uma sensação de paz em torno de sua energia, o que geralmente é um sinal de uma alma em paz, em vez de um vampiro. Porém, novamente, sei pouco sobre vampiros e se eles, de fato, existiram da maneira como acreditamos. Eu certamente já ouvi falar de pessoas que acreditam nos efeitos de cura e prolongamento da vida do sangue. De qualquer modo, sinto que ele ficou entusiasmado que a peça foi encontrada por você. Tenho uma visão de ela sendo passada de mão em mão, muitas vezes, entre detentores escolhidos.

"O Templário que originalmente foi dono desta peça tem uma energia muito superior, vibracional e pura. Quanto àqueles que obtiverem o crucifixo após ele, é difícil dizer – há vibrações variadas em torno deles. Ele [o Templário] está mostrando o crucifixo para mim envolto em um lenço, e eu vejo que sua intenção era protegê-lo como um símbolo do guerreiro espiritual na Luz de Deus, conforme ele acreditava ser. Sinto que ele tomou medidas para continuar a ser o detentor sagrado do crucifixo pelo máximo de tempo possível, mas também percebo um mito que pode ter sido criado, envolvendo-o. Ele tem muito poder, e sinto que quer ser exposto livremente à luz do sol, para expandir sua vibração, em vez de ficar escondido."

Comentários de Bobby Sullivan sobre uma foto de aura do crucifixo do Cavaleiro Templário, conforme apresentado na prancha 14: "O crucifixo é semelhante ao colar, no sentido de que ele não emite muito a cor rosa. Nessa série de fotos de aura dos artefatos, criamos uma fotografia principal do autor, John DeSalvo, sozinho (prancha 15). Ela pode ser comparada às fotografias de aura dos artefatos vodu". (As fotografias de aura dos crânios foram tiradas em uma outra época.)

Comentários de Bobby Sullivan sobre uma foto de aura do autor sozinho, conforme apresentado na prancha 15: "Fotos de aura são uma representação bidimensional de uma aura que, na verdade, possui camadas. É, de fato, algo tridimensional que vemos em duas dimensões. A primeira camada é índigo, que é a energia da criança índigo. Algumas pessoas nascem ou vêm com essa energia ou vibram até ela. É a energia de alguém no caminho espiritual, a busca espiritual. Ela revela a habilidade de um indivíduo se comunicar com os espíritos e permite que ele canalize energia e se conecte com sua própria intuição.

"Acima dela está uma camada de branco, que é energia espiritual. Há muita orientação em torno de você. Os espíritos em seu domínio se comunicam com você e o ajudam, ao trazer informações para seu trabalho e sua vida. Você também desenvolveu um pouco de energia rosa. Eu a chamo de energia compassiva, do coração. Cada vez mais pessoas estão começando a demonstrar essa energia rosa, porque nós, neste planeta, estamos ascendendo; estamos em uma transição coletiva, realizando uma mudança para uma nova dimensão. A cor rosa na aura só começou a aparecer há cerca de dois anos. Ela parece se desenvolver na aura de alguns de meus clientes com o passar do tempo. Isso está acontecendo agora e continuará a aumentar".

Como você pode ver, é muito interessante comparar as análises de videntes com as fotografias de aura. Mas as fotos de aura são basicamente um retrato de uma aura multidimensional, e conseguimos obter apenas uma imagem espacial bidimensional dela congelada no tempo. Devemos também ter em mente que a fotografia de aura é um recurso consideravelmente recente, e não sabemos ao certo como ela funciona ou o que ela mostra realmente. Durante minhas pesquisas para este livro, ocorreu uma mudança significativa em minha própria aura, como pode ser visto na fotografia de aura na prancha 16, comparando com minhas fotografias de aura anteriores, nas pranchas 1 e 15. Minha aura parece ter mudado subitamente para uma aura na qual sou, agora, também envolvido por um halo branco. Essa mudança profunda parece ter ocorrido bem depois de eu acreditar ter começado a me comunicar com um espírito. Conversei com outros especialistas, e eles confirmaram que esse halo branco, algumas vezes, é observado em canalizadores. Perguntei à minha grande amiga Jeanne Crescenzo, que também analisou meus artefatos anteriormente, o que ela conseguia interpretar nessas fotos de aura e, além disso, o que ela conseguia interpretar diretamente de mim. Jeanne disse o seguinte: "Tenho essa sensação de espírito se abrindo através de você e o conectando com seu próprio canal divino interior. Sinto que muitos artefatos que você descobre são ferramentas que o ajudam a revelar esse seu lado. Sei que já disse isso antes, mas, com fundamentação e equilíbrio, você vai acabar deixando isso acontecer naturalmente, sem as ferramentas. De certo modo, você vai deixar essas ferramentas. A única coisa que sinto que pode interferir no caminho é o medo antigo e a dúvida. Essas duas coisas podem levar a mensagens parciais ou distorcidas, e fazê-lo desconfiar de sua própria intuição. Com dedicação, isso pode ser superado e você não precisará consistentemente depender de ferramentas ou dos outros para confirmação".

Isso foi muito interessante para mim, porque, durante essas comunicações com esse espírito, senti que nossa interação era espiritualmente intensa e profunda. O que Jeanne disse sobre a comunicação estar me conectando com meu canal divino interior realmente fez sentido e ressoou em mim. Além disso, é verdade que sempre sou muito cético, científico e analítico, fazendo com que eu questione minha habilidade – então, novamente, seu comentário foi muito preciso. E, muitas vezes, outras pessoas também me disseram que não preciso desses artefatos.

A fotografia de aura provou para mim que eu estava canalizando um espírito ou me conectando com um canal divino, e houve uma mudança profunda em minha aura, como pode ser visto pelo halo branco. Se um vidente tivesse me dito isso sem eu ter uma foto, provavelmente teria duvidado. Acredito que a fotografia de aura associada à análise psíquica foi consistente e necessária para mim em meu caminho espiritual.

Neste capítulo, acredito que demonstramos que a energia espiritual é real. Vimos como ela é associada a objetos de poder que atualmente estão sob minha posse. Quando você começar a buscar seus próprios objetos de poder, é importante se lembrar de que não há problema em experimentar, mas apenas tenha certeza de que sente uma boa energia emanando deles. Teste objetos de poder diferentes ao realizar a prática da magia.

11
REFLEXÕES E CONCLUSÕES FINAIS

Uma amiga minha recentemente me fez uma pergunta bem profunda. Isso mostra que ela, de fato, pensa intensamente sobre as grandes questões da vida. Atualmente, todas as pessoas pensam saber as respostas para todas as grandes questões da vida. Depois de mais de 30 anos de pesquisa nessa área, cheguei a uma conclusão definitiva: ninguém realmente sabe as respostas, mas todos acham que sabem.

Especulação, especulação, especulação e mais especulação! Todos são especialistas! Bem, sabe de uma coisa? Nem tanto! Nenhum de nós realmente sabe coisa alguma, e na maior parte do tempo apenas tentamos adivinhar. Talvez devêssemos ser honestos e admitir que realmente não temos as respostas para esses mistérios. Por favor, entenda que não estou dizendo que não se deve especular e propor teorias, mas as chame pelo que elas são (apenas suposições), então, teste-as para ver se as informações mostram se elas são verdadeiras ou falsas.

Antes de minha filha partir para a faculdade, ela me perguntou o que eu tinha aprendido sobre verdades espirituais nos meus últimos 30 anos de pesquisa nessa área. Eu lhe disse que, sinceramente, eu não sabia mais do que quando estava no quarto ano do Ensino Fundamental. Minha mente está cheia de informações de inúmeros livros que li sobre o assunto, de vários programas de televisão e rádio que escutei e de simpósios, seminários e *workshops* dos quais participei. São tudo coisas que se amontoam em minha mente; poeira no vento, por assim dizer. Ouvi mais teorias sobre o motivo de a Grande Pirâmide ter sido construída, e de sua finalidade, do que você possa imaginar, e ninguém ainda tem alguma ideia sobre essa questão!

Como diretor da Great Pyramid of Giza Research Association por mais de dez anos, recebi centenas e centenas de comunicações de pessoas alegando terem solucionado os mistérios da Grande Pirâmide: como ela foi construída, quem a construiu e qual era sua verdadeira finalidade. E quer saber de uma coisa? Ninguém tem fatos ou informações reais para confirmar suas teorias.

Outro exemplo é a pesquisa sobre os crânios de cristal. Eu abordei esse tema brevemente no capítulo 4, mas quero explorá-lo em mais detalhes aqui. Anos atrás, existiam apenas cerca de meia dúzia de crânios de cristal famosos que se acreditava ser autênticos, ou seja, produzidos em tempos antigos, há milhares de anos. No entanto, todos que foram testados até agora (exceto dois) provaram ser produções modernas, do final do século XIX ao início do século XX. Como foi possível determinar isso? Identificando brocas de ponta de diamante, abrasivos modernos, roda de engrenagem e outras marcas nos crânios. Essas evidências são de técnicas de lapidação, provavelmente alemãs, do final do século XIX.

Acho muito engraçado que as pessoas suponham que essas marcas podem ter sido feitas por civilizações antigas usando técnicas avançadas de maquinário. Ou elas sugerem que talvez essas marcas tenham sido feitas muito tempo atrás por alienígenas. Minha resposta a isso é: não é interessante que uma sociedade avançada ou visitantes alienígenas desenvolveram sua tecnologia no nível da tecnologia do final do século XIX? Muitos estudiosos acreditam que esses crânios foram esculpidos no final do século XIX, e então descobrimos que a tecnologia é compatível. Além disso, realmente não temos nenhuma evidência forte quanto às várias alegações que foram feitas em relação à sofisticação da tecnologia antiga. Há centenas de alegações e especulações baseadas na precisão de pedras talhadas em monumentos, por exemplo, mas não resta nenhuma evidência que demonstra que existiu tecnologia avançada. Não acredito que as pinturas antigas do Egito mostrem lâmpadas ou raios catódicos. Elas representam flores e outros objetos decorativos. Ponto final.

As pessoas têm comprado supostos crânios de cristal da China e da América Central, chegando a pagar até mesmo mais de 3 mil dólares por peça. Os vendedores alegam que seus crânios são antigos, mas eles não têm procedência e nunca foram testados cientificamente. O crânio de cristal mais famoso no mundo é o crânio de cristal de Mitchell-Hedges.[34] Há mais relatos psíquicos e atividades paranormais associadas a esse crânio do que, provavelmente, a todos os outros juntos. E adivinhe? Testes feitos no Smithsonian apontam que ele é uma escultura do final dos anos 1800 ou início dos anos 1900. Após observar os dados, concordo com esses estudos.

Todos os crânios de cristal que foram cientificamente testados até o momento demonstram ser esculturas modernas, exceto dois que possuo. Eles foram tratados em meu livro anterior, *Power Crystals*. Um deles pertenceu a um famoso antropólogo argentino já falecido, o dr. Gustavous Martinez. Ele afirmava que o crânio era originado da cultura de Hongshan, que, conforme mencionado anteriormente, se desenvolveu aproximadamente de 4 mil a 6 mil anos atrás na China. Testei esse crânio cientificamente, e os resultados indicam que não foi utilizado nenhum tipo de ferramenta ou equipamento moderno para esculpi-lo, então ele é definitivamente um candidato a ser antigo.

Aqui está outro exemplo de como as pessoas têm aceitado ideias como evangelhos, sem testes científicos. É normalmente aceito que o hemisfério esquerdo do cérebro é responsável por controlar várias funções do corpo humano, e que o hemisfério direito é responsável por controlar outras funções. Ou seja, as pessoas que são mais analíticas, científicas e críticas em seu pensamento são consideradas como tendo o lado esquerdo do cérebro dominante, e as pessoas que são mais artísticas e criativas são consideradas como tendo o lado direito do cérebro dominante. Essa noção tem sido perpetuada por décadas, mas ainda não existe realmente um estudo científico ou uma prova a respeito disso – até o momento.

Pesquisadores da Universidade de Utah que estudaram o cérebro de mais de mil pessoas apontam que essa teoria do

---

34. Ver www.gizapyramid.com (acesso em 25 de novembro de 2014).

hemisfério dominante não é verdadeira.[35] Portanto, é um outro mito desmistificado. Em meu trabalho, tenho tentado seguir o método científico e aplicá-lo sempre que possível. Um exemplo é a estratégia que utilizei para determinar se objetos rituais específicos emitem energia ou modificam a aura da pessoa que os estejam segurando. Fiz isso de duas formas. A primeira delas foi escutando o que três de minhas melhores e mais confiáveis videntes podiam verificar sobre cada objeto. Também contei com Bobby Sullivan para tirar minhas fotos de aura com o artefato em questão, a fim de constatar se meu contato com o artefato produzia alguma mudança em minha aura. Também pedi que Bobby analisasse as fotografias de aura para mim e explicasse o que as cores significavam. Acredito que esse estudo produziu provas da existência de auras de energia e também de que os objetos emitem energia ou influenciam as auras das pessoas que os seguram. É claro que é necessário realizar mais testes utilizando mais controles, porém, esse é um excelente primeiro passo, pois acumulamos informações que indicam que estamos na direção certa.

Eu disse que fiz suposições incorretas no passado, e aqui está um exemplo de até onde fui pela direção errada. Eu costumava acreditar (e também afirmei em três de meus livros anteriores) que seria prudente purificar um objeto de poder recentemente adquirido antes de começar a usá-lo. Por exemplo, se você adquirir uma bola de cristal, deve purificá-la antes de usá-la. Quando digo "purificá-la", estou me referindo a uma purificação espiritual a fim de remover todas as vibrações negativas que ela possa ter acumulado. Essa purificação pode ser feita imergindo-a em sálvia, enterrando-a no mar ou no sal por pouco tempo, fazendo orações sobre ela ou colocando-a na luz do sol ou na luz da lua; existem diversas outras variações.

No entanto, ao longo dos anos, descobri que isso não causa realmente nada positivo, e, na verdade, pode até prejudicar a energia do objeto. Fiz alguns testes e também busquei aconselhamento de meus videntes a respeito dessa questão. Eles observaram alguns de meus objetos e determinaram quais deles precisavam ser purificados e quais não. Apesar disso, essa é uma pergunta sobre a qual não tenho uma resposta consistente. Em meus experimentos, constatei que,

---

35. Nielsen et al. "An Evaluation of the Left-Brain vs. Right-Brain Hypothesis with Resting State Functional Connectivity Magnetic Resonance Imaging".

sempre que comprava um objeto ritual ou espiritual porque tinha gostado de sua energia, após realizar a purificação, a energia da qual eu gostava tinha se dissipado. Isso aconteceu repetidamente comigo, e um grande amigo meu, que é vidente, me disse que ele também teve a mesma experiência. Sendo assim, ele não purifica mais seus objetos. Decidi que, se quero comprar um objeto e sua energia parece boa, devo deixá-lo da forma como está. Se a energia dele não parecer boa, então devo pensar duas vezes antes de comprá-lo, ou purificá-lo se sentir realmente que sua energia é ruim.

Acredito ter oferecido material suficiente para que você avance em seu estudo de magia. Ao finalizar este livro, eu gostaria de reiterar uma preocupação sincera, que é: quando você realizar uma investigação científica, especialmente relacionada ao aprofundamento na área da magia e/ou do ocultismo, é necessário buscar a verdade com humildade. Entristece-me que minha área de estudo seja repleta de pessoas que tentam empurrar suas especulações e hipóteses como verdades, quando, na realidade, muitas vezes elas não são nada mais do que meras especulações com algumas provas factuais para sustentá-las ou validá-las. Quando especulamos, precisamos dizer que estamos especulando. Apresentar uma teoria não comprovada como sendo um fato real prejudica muito nossa área de estudo paranormal. Não seremos vistos com credibilidade se não aplicarmos o método científico e realizarmos nossa pesquisa com objetividade, revisão por pares e avaliação crítica sempre que for apropriado. Se conseguirmos exercer uma disciplina fundamental nessa área, talvez sejamos levados a sério pelo mundo acadêmico.

Que você sonhe grandes visões, mas também tenha disciplina para submetê-las ao escrutínio científico. Tenha certeza de que as melhores ficarão, e saiba que é assim que são realizadas as descobertas mais importantes e duradouras.

Últimas palavras

Como em qualquer processo criativo, a inspiração vem de muitas fontes. Realmente importa se ela vier de Deus, dos anjos, dos espíritos, do inconsciente coletivo ou talvez de nosso próprio subconsciente ou imaginação? Se o material foi útil para você em sua jornada espiritual, se ele o aproximou de Deus e se ele fez a vida valer um pouco mais a pena, talvez seja apenas isso que conte.

APÊNDICE

MENSAGENS DO ALÉM

Estes versos foram transmitidos a John DeSalvo durante suas meditações.

Aquele que entrar pela porta mágica
Retornará pela porta Infinita
Muitos encontrarão a porta
Mas poucos a abrirão.
E pouquíssimos retornarão!

Pergunte a Si Mesmo, e lhe será Revelado,
Busque dentre de Si, e você Encontrará.
Bata na porta de seu Ser Interior, e os Céus se Abrirão.

Você não pode ver o Vento, MAS
Assim como o Vento sopra, a Mente se move, e o ESPÍRITO vê

É bom ter conhecimento.
É melhor ter sabedoria.
É melhor ainda ter Iluminação.

O tempo está ao seu lado,
Ele também está à sua frente e atrás de você,
acima e abaixo.
Mas onde VOCÊ está, o tempo não existe.

Eu tive um sonho
Ou o sonho me teve
O sonho acordou de MIM

Mas aquele que entra – Tenha cuidado
Ao entrar em contato com o DESCONHECIDO
VOCÊ se torna o desconhecido

Muitos falam do caminho
Mas poucos o trilham
Muitos descrevem o caminho
Mas poucos o sentem
Muitos conhecem o caminho
Mas poucos o vivenciam
Para muitos, o caminho nunca termina
Mas, para poucos, ele nunca começou

Amor é serenidade no movimento
Amor é fogo sem calor
Amor é som sem vibração
Amor consome sem destruir
AMOR é a única coisa sem uma sombra!

Veja com sua mente
escute com seu coração
aprenda com sua alma
torne-se com seu espírito
una-se ao seu vazio
Esse é o caminho do fogo
O caminho da Terra
o voo do ar
e o fluxo da água
Para se tornar a essência do espírito

Entregar mensagens, como é?
É como gerar um bebê, com alegria e com dor
Na plenitude da criação, ambos surgem!
A mensagem é doce, a entrega é difícil
Nem todos compreendem, a mensagem em mãos

Fé é o sopro divino
Esperança é a luz divina
AMOR é o FOGO DIVINO
Pois o amor é intenso como a morte
Seus raios são raios de fogo,
Uma chama do Eterno...

Pergunte a Si Mesmo, e lhe será Revelado,
Busque dentre de Si, e você Encontrará.
Bata na porta de seu Ser Interior, e os Céus se Abrirão.

Pensamentos nos levam ao caminho
Meditação é a força motriz no caminho
Inspiração nos transporta pelo caminho
Na quietude, não há caminho.

Como Acima, assim Abaixo
Como Dentro, assim Fora
Como Encerrado, assim Acerca
Como Oculto, assim Revelado
Como Era, assim Será
Como Será, assim Era
Como Agora, nunca Será
Quanto ao Resto, Tudo Revelado

Existem muitos caminhos até Deus.
Os caminhos não importam,
MAS A DIREÇÃO SIM!

Bata e a Porta se abrirá
Não bata e a Porta ficará Fechada.

Como é o som de uma mão batendo palma?
O mesmo som do silêncio de duas mãos batendo palma

É bom ter conhecimento.
É melhor ter sabedoria.
É melhor ainda ter Iluminação.

O tempo está ao seu lado,
Ele também está à sua frente e atrás de você,
acima e abaixo.
Mas onde VOCÊ está, o tempo não existe.

Aquele que tem ouvidos pode ouvir
Aquele que tem imaginação pode voar
Aquele que tem sabedoria espiritual não ouve nem imagina, mas
EXISTE.

Sozinho até as estrelas eu vou
Não deixo nada para trás.
Sem arrependimentos nem despedidas
Retornar, essa é a questão
Por qual propósito, por qual razão?
O AMOR entenderá

O LIVRO pode abrir
O LIVRO pode fechar
MAS o que abrir
e O QUE fechar
O infinito para escolher
O infinito para perder
Porém, uma vez aberto,
nunca se fechará
Porém, nunca aberto,
nunca se saberá

O tempo está aqui, o tempo está lá
o tempo se move aqui, o tempo se move lá
o tempo retrocede aqui, o tempo avança lá
o tempo começa aqui, o tempo nunca termina lá

Eu passo pelo tempo aqui, mas o tempo passa por mim lá
Este é o segredo do tempo, encontre aqui, mas perca lá!

Veja com sua mente
escute com seu coração
aprenda com sua alma
torne-se com seu espírito
una-se ao seu vazio
Esse é o caminho do fogo
O caminho da Terra
o voo do ar
e o fluxo da água
Para se tornar a essência do espírito

Não ame Deus
Deixe Deus amá-lo
Não louve a Deus
Deixe Deus louvá-lo
Não alcance Deus
Deixe Deus alcançá-lo

ÍSIS, meu amor
Pela qual eu existo
Por que você se esconde
Por que você espera

Suas flechas ferem meu coração
Sua fragrância é como rosas
Seu toque é como seda
Seus beijos são como fogo

Abra seus braços
Para se unir a si
Agora e Para Sempre
Para Sempre e Agora

O espaço desaparece
O tempo se dissipa
Vazio absoluto
Sozinho junto

Nunca parta
Nunca vá embora
Nunca fique sozinha
ÍSIS, minha ÚNICA

Eu não estou no céu nem no inferno
Eu não pertenço a este corpo
Eu não estou em nenhum lugar
Eu vivo para ser Um, mas ainda não sou um
Minha existência é um desconhecido em uma terra desconhecida
Há esperança? Eu perdi minha fé?
Quanto tempo irá durar essa Noite Escura da Alma?
Eu vivo na escuridão e na fé, para Nunca Mais voltar

Muitos são convocados, poucos são escolhidos, muito poucos aceitam, e pouquíssimos encontram.

Sozinho até as estrelas eu vou
Não deixo nada para trás.
Sem arrependimentos nem despedidas
Retornar, essa é a questão
Por qual propósito, por qual razão?
O AMOR entenderá

Busque seu objetivo!
Pobre de você quando perceber que aquilo que está buscando não é seu objetivo!

MEU AMOR NÃO TEM FRONTEIRAS
MEU AMOR NÃO TEM LIMITES
MEU AMOR NÃO TEM CIRCUNFERÊNCIA

MEU AMOR SEMPRE FOI, É E SERÁ PARA SEMPRE
SEM ENFRAQUECER, SEM CRESCER,
SEMPRE EXISTINDO
RECEBÊ-LO É DÁ-LO
NUNCA SEPARADO, NUNCA SOZINHO
SEMPRE UM
OLHAR O REFLEXO DO AMOR É CRIAÇÃO
TORNAR-SE O REFLEXO DO AMOR É OBJETIVO

Espírito do céu, da lua e das estrelas
Por que você me persegue?
Deixe-me em paz.
Suas mensagens eu não posso tolerar
Eu fujo e você me acompanha
Eu me escondo entre os mares e você está lá
Eu desapareço no fogo, mas você aparece
Eu não tenho para onde fugir, onde me esconder
Então, entrego minha alma, meu espírito, meu ser
E não fujo mais.

Onde está meu amor?

Busquei na terra
Busquei no mar
Busquei no céu
Não pude encontrar

Perguntei ao eremita
Perguntei ao sábio
Perguntei ao mago
Eles desconheciam

Rezei aos deuses
Clamei aos céus
Roguei aos poderes
Eles não responderam

Estou sozinho
Não tenho fé
Desisti da esperança
Desisti de minha busca

Não importa o quanto eu me esforce,
O quanto eu busque,
Nunca encontrarei meu amor
Pois meu amor me encontrou

Além do espaço, além do tempo, além de mim,
é onde eu existo!
Não está oculto nem velado
É onde você também existe

Não são apenas palavras.
Elas não são enigmáticas
São verdadeiras como a realidade
Elas realmente são verdade

Por que você se esconde?
Por que está velado?
Fui eu que teci o véu
E só eu posso removê-lo!

Eu estou tão solitário, percorrendo o caminho sozinho
Eu tento explicar e ninguém compreende
Eu peço paz e recebo fogo
Eu peço conhecimento e recebo confusão
Eu peço amor e recebo silêncio
Por fim, eu peço nada e recebo tudo

Fui levado para o alto até os sete céus
Fui levado para baixo até os sete mares
Fiquei suspenso nos sete Éteres
Fui aniquilado nos sete Fogos

Estou cansado da jornada
Eu me tornei nada
Não consegui nada
Mas toquei os Céus

A tristeza se torna alegria quando liberada
Para voar aos céus livre por fim
Sem partir, mas para sempre conosco
Pelo toque de nossas almas

O vento desaparece
Os especialistas ficam surpresos
Atônitos, perplexos
Ninguém consegue explicar

As pirâmides cairão
Atlântida surgirá
Mas ninguém será sábio

Então, é melhor fechar suas portas
pois chove muito forte
Nenhuma arca para abrigar

Esta noite eu toquei os Céus
Viajei pelos Mares
Minha nossa, o primeiro Lamento foi ouvido
A Dor ressoa em meu coração

Os ecos do silêncio refletem minha alma
O choro do vento clama dentro de mim
Porque os Poderes se foram
Partiram, deixando-nos ao nosso próprio destino

Se, por magia, eu pudesse me tornar qualquer pessoa no mundo, eu não o faria
Se, por magia, eu pudesse me transformar em outra coisa, eu não o faria
Se, por magia, eu pudesse ser o que eu quisesse, eu não o faria
Porque nós somos Quem Somos, POR MAGIA!

Se, por magia, eu pudesse eliminar a dor do mundo, eu o faria, mas não posso
Se, por magia, eu pudesse eliminar o sofrimento do mundo, eu o faria, mas não posso
Se, por magia, eu pudesse eliminar a tristeza do mundo, eu o faria, mas não posso
Mas eu posso lhe oferecer um sorriso ou um abraço ou lhe dizer que eu realmente me importo
Talvez isso seja praticar a verdadeira magia

Citações Proféticas

Espíritos vêm e vão
Alguns dizem sim e alguns dizem não
Muito a dizer, pouco a saber

Mas a presença é conhecida
Daquele que mostra
O que ninguém pode dispor

As pirâmides cairão
Atlântida surgirá
Mas ninguém será sábio

Então, é melhor fechar suas portas
pois chove muito forte
Nenhuma arca para abrigar

Maria, a Rainha, regressará
Para alguns, isso é bom
Para outros, não

Ela revelará novamente
O que já revelou antes
Para que seja ouvido mais uma vez

Apenas perceba o primeiro sinal
É claro como a noite
Apenas decifre-o corretamente

O Leste se torna Oeste
e o Norte se torna Sul
Mas a Noite se torna Dia

Alguns escrevem em quadras
Outros em rimas
E ainda alguns poucos em quintilha

Mas eu escrevo em tercetos
Pois 3 é o caminho
Para prever o que dizemos

Não falta comida
Ou bebida ou música
Os risos continuam

Até o trovão se apoderar do céu
A lua ser invertida
E o sol consumir as estrelas

A chuva começará como orvalho
Mas se transformará em névoa
Tão escura quanto o céu noturno

Sozinho até as estrelas eu vou
Não deixo nada para trás.
Sem arrependimentos nem despedidas
Retornar, essa é a questão

Por qual propósito, por qual razão?
O AMOR entenderá

Ó Reino Místico do meu Ser
Os Céus chovem sua beleza
Por que me mantém distante de sua Presença?

Eu voo até o fogo, mas o fogo não me consome
Eu nado pelas águas, mas as águas não me tragam
Eu flutuo com o vento, mas o vento não me absorve

Eu estou entre a Luz e a Escuridão
O Som e o Silêncio
O Ser e o Não Ser

Noite Escura, Dia Escuro, Tempo Escuro
Subir, Ascender, à sua Presença
É este o Caminho?

Eu não sigo o Caminho Místico
O Caminho Místico me segue
Como sempre foi e será
Até eu me tornar o Caminho Místico!

Abençoados sejam os puros de coração, pois eles enxergarão Deus
E Abençoados sejam aqueles que são puros na mente, pois eles irão tocar Deus
E Gloriosos sejam os puros de espírito, pois eles irão se tornar Deus

Como você Se Torna o Vento?
Primeiro, você deve encontrar o Vento
Mas para onde olhar?
Olhe para onde o vento EXISTE
Lá você não só o encontrará
Mas se tornará

Não olhe para os céus
Não escute as esferas
Não toque o vento

Mas sim abra os céus
Abra as esferas
Seja o vento

O segredo da criação
Conhecido pelos profetas do tempo
As rodas da criação continuam sem parar
Roda após roda, movendo, cruzando, nunca parando
Multidimensional, hiperdimensional, não dimensional.
Vê-lo é saber.
Parar as rodas é escapar
É começar, mas nunca terminar
Terminar sem começar

Eu choro por meus filhos, que estão confusos
Eu convoco meus filhos, que estão adormecidos
Eu conforto meus filhos, que estão em necessidade
Eu amo meus filhos, que estão completamente sozinhos

Quem eu sou?
Eu sou meus filhos
Sempre com eles
Como se fôssemos UM

Às vezes minha alma reflete o vento
às vezes ela reflete a água
outras vezes ela reflete a terra
e algumas vezes até o fogo

Mas quando tudo já foi dito e feito
E minha alma está velha como o sol

Ela reflete seu reflexo
do começo ao fim

Conhecer-te a ti mesmo com humildade
Amar com compreensão
Ter compaixão com sentimento
Para ser o mais superior possível!

Tristeza, Desespero, Decepção
A matriz da existência
Amor, Paz, Alegria
A essência da Existência

Mas como transformar um em outro?
Dissolver, mexer, bater, mas continua igual
Rezar, banir, comandar, mas ainda existe.

A solução nunca será encontrada.
A pergunta nunca será respondida.
A menos que você faça o que nunca pode ser feito.
Destruir o que nunca foi criado.

A terra sussurrará para seu corpo
O fogo queimará em sua mente
O ar moverá isso em sua existência
A água fluirá em seu espírito

Não apenas para nascer de novo da Água e do Fogo
Mas também da Terra e do Ar
Destruir o que nunca foi criado
É nascer de novo do Fogo, da Terra, do Ar e da Água

Siga seus sonhos antes que eles comecem a segui-lo.

A maior alegria na vida é saber que alguém se importa.

O maior desespero é perceber que ninguém realmente se importa.

Devemos moldar nosso amor pelos outros como nosso AMOR por Deus.

Quando amamos Deus, nunca é um acordo
É amor incondicional que oferecemos
Não é manipular Seu amor
É uma entrega completa a Seu Amor

O amor por Deus e pelos outros existe na eternidade
Sem pensamentos, sentimentos, objetivos
Apenas amar, apenas ser

Não ame aos outros como você ama a si mesmo
Mas ame aos outros como Deus o ama

O amor existe além dos limites do tempo
O amor existe além dos limites do espaço

Nossa, um anjo apareceu, Rafael
Ele tinha uma varinha flamejante em sua mão
Que ardia como o sol
A varinha então virou um bastão
No muro foi escrito
Em letras de um vermelho flamejante
Elas se moviam enquanto queimavam
Nossa, o que isso quer dizer?

As palavras que você recebeu
Queimarão no muro
Até serem decifradas
Ou o significado se tornar realidade
O caminho está aberto
Para ir ou não

O destino pode mudar
Mas apenas por você

O que são mensagens?
apenas palavras que criam pensamentos
para a maioria, elas apenas acabam aí
Mas para outros...
Os pensamentos criam conhecimento
e o conhecimento cria sabedoria
e a sabedoria gera confusão
O que leva ao renascimento e à consciência verdadeira
Mas apenas aqueles humildes de coração
e são os menores no reino do céu
irão viajar pela estrada
Que não é estreita, mas infinitamente pequena
Não há espaço para bagagem
até a mente é muito grande
Mas apenas o infinito pode viajar por essa estrada
E isso é o AMOR
Mas o AMOR é a entrega total
Então, segure minha mão
E juntos iremos viajar
Para encontrar o que tão poucos encontram

De repente eu estava lá, como sempre
O encanto e a beleza não podem ser descritos
Primeiro, parecia que eu estava totalmente sozinho
Mas então ele apareceu, e eu sabia que era verdadeiro
O amor infinito não conhece limites
e eu nunca quis partir de novo
Eu implorei para ficar, mas o olhar disse não
Eu ainda tinha coisas a fazer
Meu coração se entristeceu
Enquanto minha alma se despedaçou
É difícil conter minhas lágrimas
Serei o mesmo novamente?

Sem alimento, nosso corpo sucumbe
Sem meditação e oração, nossa alma se extingue
Sem adoração e amor a Deus, nossa vida espiritual evapora
E encontrar Deus internamente é receber TUDO

BIBLIOGRAFIA

AGRIPPA, Henry Cornelius. *De incertitudine et vanitate scientiarum et artium, atque excellentia verbi Dei declamation (Vanity of the arts and sciences)*. Paris: 1531.
_____. *De Occulta Philosophia*. Antwerp: 1531.
_____. *De Occulta Philosophia Libri Tres*. Cologne: 1533.
_____. *The Fourth Book of Occult Philosophy*. London: 1655.
_____. *Three Books of Occult Philosophy*. London: 1651.
BARKS, Coleman. *The Essential Rumi*. New York: HarperOne, 2004.
BARNSTONE, Willis; MEYER, Marvin (eds.). *The Gnostic Bible*. Boston: New Seeds Books, 2006.
BLAVATSKY, H. P. *The Secret Doctrine*. 2 vols. London: 1888.
CASAUBON, Meric. *A True and Faithful Relation of What Passed for Many Years between Dr. John Dee and Some Spirits*. London: D. Maxwell, 1659. Reimpressão: London: Askin Press, 1974.
CHARLES, R. H. (trad.). *The Book of Enoch*. London: 1912.
CHARLESWORTH, J. H. *The Old Testament Pseudepigrapha, Volume 1*. London: 1983.
CLARK, Andrew. *Aubrey's Brief Lives – Chiefly of Contemporaries Set down by John Aubrey between the years 1669 and 1696*. London: 1898.
CROWLEY, Aleister. *The Vision and the Voice with Commentary and Other Papers*. York Beach, Maine: Samuel Weiser, 1998.
DAVIS, Andrew Jackson. *Beyond the Valley*. Whitefish, Mont.: Kessinger Publishing, LLC, 2010.
DEACON, Richard. *John Dee: Scientist, Geographer, Astrologer, and Secret Agent to Elizabeth I*. London: Frederick Muller, 1968.
DEE, John. *A Supplication for the Recovery and Preservation of Ancient Writers and Monuments*. 1556.
_____. *General and Rare Memorials Pertaining to the Perfect Art of Navigation*. London: 1577.

DEBUS, Allen G. (ed.). *John Dee, The Mathematicall Praeface to the Elements of Geometrie of Euclid of Megara (1570)*. New York: Science History Publications, 1975.

DESALVO, John. *Andrew Jackson Davis: The First American Prophet and Clairvoyant*. Raleigh, N.C.: LuLu.com, 2005.

_____. *Dead Sea Scrolls*. New York: Barnes and Noble, 2009.

_____. *Decoding the Enochian Secrets*. Rochester, Vt.: Destiny Books, 2011.

_____. *Power Crystals*. Rochester, Vt.: Destiny Books, 2012.

_____. *The Lost Art of Enochian Magic*. Rochester, Vt.: Destiny Books, 2010.

DUQUETTE, Lon Milo. *Enochian Vision Magick*. San Francisco: Weiser Books, 2008.

ELLIOTT, J. D. (ed). *The Apocryphal New Testament*. Oxford: Clarendon Press, 1993.

FENTON, Edward. *The Diaries of John Dee*. United Kingdom: Day Books, 1998.

FRENCH, Peter. *John Dee, the World of an Elizabethan Magus*. New York: Dorset Press, 1972.

JAMES, Geoffrey. *The Enochian Magick of Dr. John Dee*. St. Paul, Minn.: Llewellyn, 1994.

KAVANAUGH, Kieran. *The Collected Works of St. Teresa of Avila*. Washington, D.C.: ICS, 1976.

LAURENCE, Richard. *The Book of Enoch the Prophet*. London: Kegan Paul, Trench & Co., 1883.

LAYCOCK, Donald C. *The Complete Enochian Dictionary*. San Francisco: Weiser Books, 2001.

LEWIS, David. *The Complete Works of Saint John of the Cross*. London: Longman, Green, 1864.

LUMPKIN, Joseph. *The Books of Enoch*. Blounstville, Ala.: Fifth Estate, 2011.

Manuscritos da British Library. Sloane 3188, 3189, 3191; Cotton Appendix XLVI Partes 1 e 2.

MEHER BABA. *God Speaks*. New York: Dodd Mead, 1997.

MEYER, Marvin (ed.). *The Nag Hammadi Scriptures*. New York: HarperSanFrancisco, 2007.

MORLEY, Henry. *Cornelius Agrippa: The Life of Henry Cornelius Agrippa von Nettesheim, Doctor and Knight, Commonly known as a Magician – 2 volumes*. London: Chapman and Hall, 1856.

NAUERT JR., Charles G. *Agrippa and the Crisis of Renaissance Thought*. Urbana, Ill.: University of Illinois, 1965.

NIELSEN, Jared A. *et al*. "An Evaluation of the Left-Brain vs. Right-Brain Hypothesis with Resting State Functional Connectivity Magnetic Resonance Imaging". PLoS ONE (2013), DOI: 10.1371/journal.pone.0071275.

PETERSON, Joseph H. *John Dee's Five Books of Mystery*. San Francisco: Weiser Books, 2003.

SCHNEEMELCHER, William (ed.). *The New Testament Apocrypha I*. Louisville, Ky.: Westminster John Knox Press, 1991.

SMITH, Charlotte Fell. *John Dee (1527-1608)*. London: Constable and Company, 1909.

SPARKS, H. F. D. *The Apocryphal Old Testament*. New York: Oxford University Press, 1984.

The Lost Books of the Bible. Cleveland, Ohio: The World Publishing Company, 1926.

TYSON, Donald. *Three Books of Occult Philosophy*. St. Paul, Minn.: Llewellyn, 1993.

WILDING, Michael. *Raising Spirits, Making Gold, and Swapping Wives: The True Adventures of Dr. John Dee and Sir Edward Kelly*. Nottingham, England: Shoestring Press, 1999.

WISE, Michael; ABEGG JR., Martin; COOK, Edward. *The Dead Sea Scrolls, a New Translation*. New York: HarperSanFrancisco, 2005.

SOBRE O AUTOR

John DeSalvo, Ph. D., é diretor da Great Pyramid of Giza Research Association. Seu objetivo ao criar essa associação foi tornar disponíveis ao público informações gerais e novas pesquisas sobre a Grande Pirâmide. Ele também é porta-voz no Ocidente da Russian Pyramid Research, uma organização, na Rússia, dedicada a pesquisas sobre os poderes benéficos das pirâmides.

DeSalvo atuou como professor e administrador universitário. É bacharel em física e possui mestrado e doutorado em biofísica. Ele ministrou as seguintes matérias na universidade: anatomia humana e fisiologia, bioquímica, biologia geral, anatomia humana macroscópica e neurofisiologia. Sua experiência administrativa em universidades inclui: diretor de assuntos culturais, chefe do departamento de ciências básicas e reitor de assuntos estudantis.

Em 1979, DeSalvo escreveu o livro *Human Anatomy – A Study Guide,* com o dr. Stanley Stolpe, ex-chefe do Departamento de Anatomia da Universidade de Illinois. Suas publicações em revistas científicas incluem pesquisas sobre o sistema infravermelho de cascavéis ("Spatial Properties of Primary Infrared Neurons in Crotalidae"). Ele também recebeu subsídios e bolsas de pesquisa da National Science Foundation, do United States Public Health and Human Services e do National Institutes of Health.

Por mais de 30 anos, John DeSalvo foi um dos cientistas envolvidos no estudo do Sudário de Turim. Ele é vice-presidente executivo da Association of Scientists and Scholars International for the Shroud of Turin (ASSIST), a maior e mais antiga associação de pesquisa no mundo, atualmente, que realiza estudos sobre o Sudário. Ele também foi consultor de pesquisa do Shroud of Turin Research Project (STURP) original e colaborou como editor de ciências do livro *SINDON – A Layman's Guide to the Shroud of Turin* (publicado em 1982). Sua pesquisa sobre o Sudário envolveu o processo de formação da imagem do homem no Sudário e estudos usando reconstrução tridimensional, espectroscópio e análise ultravioleta. Ele ministrou palestras sobre o Sudário pelos Estados Unidos e, em 1980, a International Platform Association o nomeou como um dos 30 principais palestrantes de seu país.

Ele publicou *The Complete Pyramid Sourcebook* em 2003 e *Andrew Jackson Davis: The First American Prophet and Clairvoyant* em 2005. Seu livro *Decoding the Pyramids* foi publicado pela Barnes and Noble em maio de 2008 e traduzido em francês, espanhol, italiano, holandês e tcheco. Em outubro de 2008, seu livro *The Seeress of Prevorst: Her Secret Language and Prophecies from the Spirit World* foi publicado pela Inner Traditions. Seu livro *Dead Sea Scrolls* foi publicado pela Barnes and Noble, em julho de 2009, e também está disponível em francês, holandês, espanhol e alemão.

A Destiny Books, um selo da Inner Traditions, publicou três livros de DeSalvo: *The Lost Art of Enochian Magic* (2010), que inclui um CD de DeSalvo pronunciando os Chamados Enochianos, *Decoding the Enochian Secrets* (2011) e *Power Crystals* (2012).

O autor pode ser visto frequentemente no History Channel em duas séries: *Alienígenas do Passado* e *O Efeito Nostradamus*, e apareceu em *Enigmas Revelados* em 2014 discutindo sobre o assassinato de Abraham Lincoln. Concedeu mais de cem entrevistas na televisão e no rádio e coletivas de imprensa, incluindo aparições frequentes em *Coast to Coast AM* com George Noory. Ele atualmente apresenta um programa de rádio ao lado de Jaimee Lee, DJ californiana e colaboradora do *Fox News*.

MADRAS® Editora

Para mais informações sobre a Madras Editora,
sua história no mercado editorial
e seu catálogo de títulos publicados:

Entre e cadastre-se no site:

www.madras.com.br

Para mensagens, parcerias, sugestões e dúvidas, mande-nos um e-mail:

marketing@madras.com.br

SAIBA MAIS

Saiba mais sobre nossos lançamentos,
autores e eventos seguindo-nos no facebook e twitter:

@madrased

/madraseditora